진짜 친구를 만드는
관계의 기술

Growing Friendships : A KIDS' GUIDE to making and keeping friends

Korean edition © 2017 by Lime Co., Ltd.
Original English language edition :
Text copyright © 2017 by Eileen Kennedy-Moore and Christine McLaughlin
Interior illustrations © 2017 by Beyond Words/Simon & Schuster, Inc.
Published by arrangement with Aladdin,
An Imprint of Simon & Schuster Children's Publishing Division

진짜 친구를 만드는
관계의 기술

에일린 케네디-무어·크리스틴 맥러플린 지음 | 캐시 밍거스 그림 | 정아영 옮김

라임

다가간다고? 그건 내 전문이지! 조심조심
뒤로 접근해서 발톱으로 확 낚아채면 되는걸.
너도 해 봐! 정말 쉽다니까.
모르긴 몰라도
그런 내용은 아닐 것
같은데?!

제1장

주말 잘 보냈어?

: 친구에게 다가가기

'친구가 더 많았으면…….' 하고 바란 적이 있을 것이다. 누구나 한 번쯤 하는 생각이다. 새 학기가 되어서 친한 친구와 다른 반이 되었을 때나 가장 친한 친구가 전학 갔을 때……. 혹은 그 반대의 상황이 있을 수도 있다. 내가 정든 친구들을 떠나 낯선 학교로 전학 가는 것! 그중에서도 마음이 가장 무거운 건 지금껏 친하게 지내 온 친구들와 마음이 맞지 않아 틀어지는 경우다.

1장에서는 새 친구를 사귀기 위해 다가가는 방법을 알아본다. 기대하시라! 친구를 사귀는 다양한 요령(!)이 포진해 있다.

01 '혼자'라는 틀 깨기

브랜의 고민 : 언제 어디서든 혼자라는 생각이 들어요.

아, 안 돼.
벌써 점심시간이네?
완전 싫다!
오늘은 또 뭘 하면서
시간을 때우지?
FRIEND

나만 빼고 다들 재미있게 놀잖아? 내가 여기 있다는 걸 아무도 모르는 건가?
그냥 책이나 읽어야겠다.

브랜은 점심시간을 주로 혼자 보낸다. 친구들과 어울려 놀고 싶은 마음은 굴뚝같지만, 도대체 뭘 어떻게 해야 친구들 사이로 끼어들 수 있는지 알지 못한다. 아이들에게서 멀찍이 떨어져 고개를 돌리고 있는 걸로도 모자라, 책까지 손에 들고 있으니……. 친구들 눈에는 그 모습이 어떻게 보일까?

다른 아이들 엉덩이에 코를 대고 킁킁대면 바로 친해질 수 있을 텐데! 그걸 모르네.
뭐? 왜?!
그런 건 우리한테나 잘 통하는 거지, 사람들한테는 안 그래.
사람들은 팬티를 입고 있잖아.

어쩌면 “나는 너희가 별로거든. 그러니까 조금도 어울리고 싶지 않아!”라고 큰 소리로 외치는 것처럼 느껴질 수도 있다. 브랜의 속마음은 그게 아닐지라도, 겉으로 드러나는 모습은 온몸으로 그렇게 말하고 있는 듯이 보인다.

친구들에게 함께 어울리고 싶은 마음을 전하려면 어떻게 해야 할까?

안녕, 친구야!

아침에 학교에 도착한 뒤 교실 풍경을 눈여겨보자. 대부분의 아이들은 친구에게 인사말을 건넨다. 아무한테나 무턱대고 하는 게 아니라, 특정한 친구와 눈을 맞추며 인사를 나눈다. 그것도 활짝 웃는 얼굴로, 때로는 상대방의 이름을 다정하게 부르면서.

안녕,
케이트!
응, 사라!
일찍 왔네?

믿기지 않는다고? 그럼 내일 아침에 교실에서 세어 보도록 하자. 인사 소리가 몇 번이나 들리는지……. 막상 손으로 꼽아 보면, 반갑게 인사를 나누는 아이들의 수가 하도 많아서 깜짝 놀랄지도 모른다!

서로가 전하는 인사말 속에는 굳이 대놓고 표현하지 않아도 '널 만나서 기분이 좋다.'라는 뜻이 담겨 있다. 그러니 누군가 먼저 인사를 건넨다면 활짝 웃는 얼굴로 반갑게 호응하자.

안녕,
브랜!
흑!!
뭐야, 쟤!
설마 내가
싫다는 거야?

친구가 애써 인사를 건네는데 아무 말을 하지 않거나 눈길을 다른 쪽으로 돌린다면? 상대방은 자신과 친구가 되고 싶은 마음이 없다고 여길 게 분명하다. 설령 인사를 한다 해도 들릴 듯 말 듯한 목소리로 웅얼거린다면 마지못해 건성으로 대한다는 인상을 줄 수 있다.

내일은 교실에 들어설 때 큰 소리로 친구들에게 인사를 건네 보도록 하자. 물론 인사를 한다고 해서 누군가와 곧바로 친한 사이가 되는 건 아니다. 하지만 '인사'가 친구 관계의 첫걸음인 것만은 틀림없다. 그리고 인사를 나눌수록 알게 모르게 편한 사이로 바뀌어 간다!

인사를 불쑥 건네는 게 영 쑥스럽다면 가족하고 연습을 해 보는 것도 좋은 방법이다. 엄마 아빠에게 다 자랐다고 뜻밖의 칭찬을 받을 수도! 그다음에는 학교 친구 중 누구에게 인사를 건네면 좋을지 마음속으로 미리 정해 놓자. 그러면 실행에 옮기기가 한결 수월해진다.

인사를 할 때는 얼굴 표정과 몸짓이 매우 중요하다. 만나서 기쁘다는 인상을 팍팍 풍겨야 하니까. 이때 상대방의 이름을 넣어 반기는 느낌을 짐짓 배가시키는 것도 요령이다. 반대로, 누군가 나에게 인사를 건넬 때는 다정하게 대답할 준비를 해 두는 것도 잊지 말자.

호감, 호감, 호감!

때때로 상대방이 받아 주지 않아서 무안해질까 봐 먼저 인사하는 걸 꺼리는 친구도 있다. 그럴 때는 용기가 필수! 아무리 서먹한 사이라 해

아빠, 잘 다녀 오셨어요?
그럼! 우리 아들, 오늘 하루는 어땠니?
오! 브랜 좀 봐. 제법 다정하게 인사하는걸?
와락 달려들어 안기는 것도 좋아하실 텐데. 나는 반가울 때면 상대방 다리에 찰싹 붙어서
몸을 비비거든. 알고 보면 그것도 꽤 좋은 방법이라고!
안녕, 브랜! 주말 잘 보냈냐?
칼, 너도 잘 지냈어? 지미, 안녕!

도 친해지고자 하는 마음만 있으면 가능성은 충분히 열려 있다. 인사만으로도 친구가 되고픈 내 마음을 전하는 데 한 발짝 다가선 셈이니까!

인사를 한 다음에는 무엇을 해야 할까? 친근한 말이나 행동으로 상대방에게 호감을 갖고 있다는 사실을 반복적으로 보여 주어야 한다. 그렇다면 호감을 주는 말과 행동에는 어떤 것이 있을까?

1. 질문하기

질문은 내가 상대방에 대해 더 알고 싶어 한다는 걸 보여 준다. '~는 어땠어?'나 '~는 어떻게 생각해?'와 같은 질문을 하면 제법 긴 대답을 이끌어 낼 수 있다. 그러면 대화를 이어 가기가 한결 수월하다. 단, 여기서 주의할 점! 한 번에 한두 가지만 묻기로 하자. 친구와 하고 싶은

아까 본
사회 시험 말야.
넌 어땠어?
객관식은
쉬웠는데, 서술형은
꽤 어렵더라고.

엊그제 개봉한 〈어벤저스〉 시리즈 봤어? 어땠어?
응, 재밌더라! 아이언맨이 최첨단 무기로 적을 때려 부수는 장면이 제일 멋졌어!
맞아, 맞아! 그 장면, 진짜 끝내줘.

건 대화이지 인터뷰가 아니니까.

그리고 되도록이면 '왜'가 들어가는 질문은 피하는 게 좋다. 내 의도는 그게 아니지만, 자칫하면 상대방이 "왜 그렇게 바보 같은 짓을 했어?"라는 뜻으로 받아들일 수도 있기 때문이다.

2. 칭찬하기

누구나 칭찬을 받으면 기분이 좋아진다. 그리고 자신의 좋은 점을 알아봐 주는 사람과는 쉽게 친해진다. 눈을 크게 뜨고 친구들을 잘 관찰해 보자. 칭찬할 만한 일이 없는지……. 칭찬이라고 해서 어렵게 생각할 필요는 없다. 다만, 반드시 '진실'된 칭찬이어야 한다. 반대의 상황도 마찬가지다. 누군가 나를 칭찬해 주면 웃는 얼굴로 고맙다고 대답하자. 제아무리 시시껄렁한 칭찬이라고 해도.

3. 친절 베풀기

친절한 행동은 두 사람 사이를 친구 관계로 이끄는 데 아주 좋은 방법이다. 사소한 일이라도 일단 친절을 베풀면 상대방에게 호감이 있다는 속마음을 전할 수 있다. 그와 동시에 내 기분도 좋아지는 일거양득의 효과가 있다.

그렇다고 현금이나 값진 물건으로 친절을 표현할 필요는 없다. 친절이 너무 크면 오히려 상대방이 부담을 느낄 수도 있고, 상대방이 내 호의에 보답하지 않을 경우에 속상할 수도 있으니까. 가끔씩은 친구의 필요에 따라 이용당할 때도 있다.

자, 내 연필
빌려줄게.

02 둘만의 공통분모 찾기

레오의 고민 : 내가 제일 돋보이고 싶어요.

이번 크리스마스 때, 우리 엄마 아빠가 디즈니랜드에 데려가실 거래! 진짜 기대돼.
와, 넌 짱 좋겠다!
거기 별거 없어. 나, 세 번이나 갔다 왔잖아.

헤헷, 난 한 번도
줄에 안 걸리고
연속해서 백 번이나
넘었지롱.
그래,
어련하시
겠어!
쳇, 재수 없어.
레오, 쟨 맨날
잘난 척이야.

잘난 척하지 말기

레오는 다른 아이들과 친해지고 싶지 않은 걸까? 그건 아니다. 단지 잘못된 방법으로 노력하고 있을 뿐이다. 친구들과 마음을 나누기 위해 고민하는 대신, 자신이 특별하다는 걸 보여 주는 데만 초점을 맞추고 있다. 뭔가 단단히 착각하고 있는 셈이다.

내가 멋지고 굉장한 사람이라는 걸 주변 사람들에게 알리면, 자석이

철을 잡아당기듯 친구들이 자신에게로 몰려들 거라고 생각하는 사람들이 있다. 하지만 친구 관계는 그런 식으로 맺어지지 않는다.

내 매력은
어느 누구도
거부할 수 없지.
앗,
저절로 막
끌려가잖아!
으으으,
자석 같은
매력을 거부할
수가 없어!

친구 관계는 함께 있는 게 즐거울 때 만들어지는 것이지, 내가 대단하다는 걸 보여 준다고 해서 저절로 이루어지는 게 아니다. 오히려 특별한 사람이라는 걸 보여 주려고 애쓰다가 아이들의 미움을 사기 십상이다.

공통분모 찾기

레오는 아이들이 자신을 인정해 주길 바란다. 하지만 다른 아이들은 굳이 레오를 떠받들며 박수를 쳐 주고 싶은 마음이 없다. 레오의 행동을 보면서 "내가 너희보다 나아!"라고 뽐내는 걸로 받아들였을 테니까. 이런 식으로 친구를 사귈 수 있을까?

친구 관계는 공통분모가 있을 때 맺어지기 쉽다. 공통분모란, 두 사람이 같이 좋아하는 관심사를 뜻한다. 그러면 라이언과 드루가 친해지는 과정을 한번 살펴볼까?

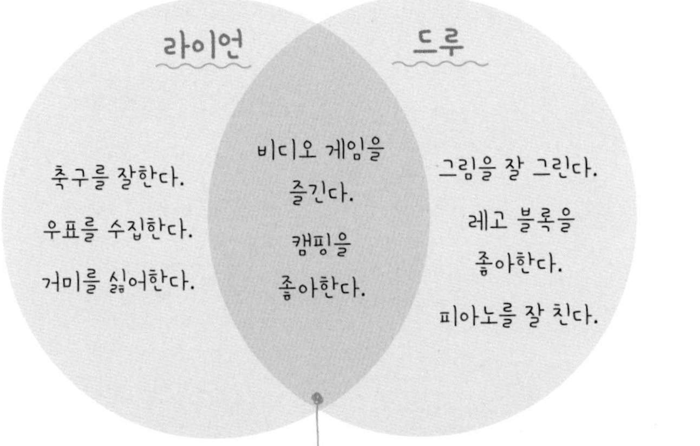

라이언
드루
축구를 잘한다.
우표를 수집한다.
거미를 싫어한다.
비디오 게임을 즐긴다.
캠핑을 좋아한다.
그림을 잘 그린다.
레고 블록을 좋아한다.
피아노를 잘 친다.
친구 관계가 시작되는 지점

가운데의 겹치는 부분이 라이언과 드루의 공통분모이다. 둘이 함께 할 경우에 더 재미있는 시간을 보낼 수 있는 취미들이다. 바로 여기서 친구 관계가 시작된다. 축구나 피아노처럼, 둘 중 한 사람만 좋아하는

활동은 두 아이를 하나로 묶어 주지 못한다.

물론 두 아이가 친해진 뒤에는 서로의 취미 활동을 해 보며 또 다른 즐거움을 발견할 수도 있다. 하지만 친구 관계가 시작될 즈음에는 흥미가 겹치는 부분이 매우 중요한 역할을 한다. 그렇기에 공통점이 거의 없는 아이끼리 친구가 되기는 아주 힘들다.

물론 똑같은 취미가 있는 사람끼리만 친구가 될 수 있는 건 아니다. 모든 면에서 똑 닮은 사람은 세상에 없으니까. 하지만 친구를 사귀기 시작했다면, 나와 상대방의 공통점이 무엇인지 찾아내는 게 중요하다. 서로 다른 점을 굳이 감출 필요는 없지만, 닮은 부분을 찾아내면 한층 더 쉽게 가까워질 수 있기 때문이다.

한 사람만 관심을 갖고 있는 분야에 대해 아무리 신나게 이야기해 봤자 친구 관계가 만들어지지 않는다. 예를 들어 컴퓨터 게임에 관심이 없는 친구에게 내 게임 캐릭터의 레벨이 얼마나 높은지 설명해 봐

너는 개 비스킷을 좋아하고, 나는 훈제 가다랑어를 좋아하지. 하지만 우리 둘 다 좋아하는 게 딱 하나 있어. 바로 변기 물 마시기!
인정하기 싫지만, 우리가 친한 데에는 그 이유도 있는 것 같아.

야 그냥 지루해하기만 할 뿐이다. 어쩌면 그 친구는 내가 쓸데없이 잘난 체하고 있다고 생각할지도 모른다.

무언가를 같이하는 과정에서 자연스럽게 우정이 싹트는 경우가 많다. 내가 뭘 좋아하는지 생각해 보고, 그 활동을 좋아하는 아이를 찾아보도록 하자. 상대방이 뭘 좋아하는지 잘 모르겠다고? 그럼 직접 물어보자! 친구에게 말을 건넬 때는 상냥하게 미소 짓는 거 잊지 말고…….

다 같이 생각해 보기!

아래는 두 친구가 갖고 있는 공통점이다. 이 중에서 친구 관계를 만드는 데 도움이 되는 건 무엇일까?

1) 샤론과 트리샤는 둘 다 이름에 '샤' 자가 들어간다.

2) 마리오와 조지는 열렬한 야구팬이다.

3) 스테파니와 멜리샤는 보드게임을 좋아한다.

4) 다리우스와 미하일은 왼손잡이다.

5) 샘과 미건은 같은 축구팀이다.

6) 조지와 히람은 학교에서 자주 말썽을 일으킨다.

7) 린지와 카일은 방이 지저분하다.

8) 벤과 알렉스는 우표를 수집한다.

정답 : 2, 3, 5, 8.

즐거운 활동을 함께할 때 친구가 될 수 있다는 사실을 기억해 두자. 6번은 두 사람의 공통점이긴 하지만, 건강한 관계로 나아갈 수 있는 관심사 또는 공통점이라고 보기 힘들다.

03 하나보다 여럿!

안젤라의 고민 : 내 친구를 독점하고 싶어요.

쉬는 시간에 바네사가 마가렛이랑 같이 화장실에 다녀왔어요. 항상 저하고만 갔는데……. 바네사한테 기분이 언짢다고 말했지요.
그때 바네사 기분은 어때 보이던데?

별로 좋아
보이진 않았어요. 하지만
바네사는 저랑 단짝
이잖아요. 그러면
'저하고만'
놀아야죠.
주말에도 같이 놀면
좋겠는데……. 바네사가
시간이 어떻게 될지
모르겠네요.

안젤라는 '문어 빨판'과 닮았다. 친구인 바네사를 휘감고 꽉 죄어서 옴짝달싹 못 하게 만들고 있으니까. 꽉 잡혀 있는 느낌이 드는데 기분이 좋을 사람이 어디 있을까? 바네사의 기분이 썩 좋을 리가 없다.

안젤라는 단짝인 바네사를 잃게 될까 봐 두려워서 지나치게 욕심을 부리고 있다. 만약 안젤라가 두려움을 떨치지 못한 채 계속 이런 행동을 한다면, 결국 바네사를 밀어내는 상황이 벌어질 것이다.

절대 안
놔줄 거야!
으으윽!
이것 좀 풀어 줘.
숨 쉴 틈을
달라고!

지금 안젤라에게 가장 필요한 건, 단짝 친구가 다른 아이들과 어울릴 수 있도록 배려해 주는 자세다! 안젤라 역시 다른 친구와 어울릴 수 있어야 한다.

여러 친구와 자연스럽게 어울리기 위해선 어떻게 하는 것이 좋을까? 바로 친구를 집에 초대하는 것이다. 친구를 집에 초대할 때는 이삼 주 전에 미리 얘기하는 것이 좋다. 그래야 친구가 나와 함께 시간을 보내고 싶다는 생각이 들 수 있는 시간을 확보할 수 있다.

친구가 많으면 항상 재밌게 놀 수 있어!

다시 말하지만 친구를 딱 한 명만 사귈 필요는 없다. 친구가 여러 명이어야 어떤 상황에서든 혼자 있는 일이 줄어든다. 한 친구가 사정이 생겨서 학교에 오지 않아도, 한 친구와 심하게 다투어서 서먹해지더라도, 나와 함께 시간을 보낼 수 있는 또 다른 친구가 있으니까.

침 흘리지 않는 친구는 나쁜이지 않아? 그건 아주, 진짜, 레알 특별한 점이라고!
내 친구들은 너 빼고 전부 다 개니까. 넌 고양이잖아. 그래, 아주 특별한 친구지.

친구가 많으면 일상이 한층 흥미진진해진다. 그중에서도 특별히 더 친하거나 각별한 친구가 있겠지만, 어쨌든 나하고 즐거움을 나눌 수 있는 친구들이라는 사실에는 변함이 없다.

친구의 친구와 가까워지는 것도 좋은 방법 중에 하나다. 그렇다고 그 친구를 사이에 두고 줄다리기를 하는 건 곤란하다. 그러다가는 두 친구를 다 잃을지도 모른다.

친구 사이에도 지켜야 할 선과 간격이 있다. 그것을 적당히 잘 유지할 때에 좋은 관계를 지속할 수 있다.

얘는 내
친구라니까!
어휴, 싫어!
줄다리기도 아니고
이게 뭐야?
아니야,
내 친구야!

친구 + 친구 = 즐거움²

친구를 독차지하려고 애쓰는 대신, 그 친구가 좋아하는 아이들에게 마음을 열어 보자. 모두 다 같이 어울리게 된다면 내 친구는 둘 중 한 사람을 선택해야 할 필요가 없어진다. 친구의 친구에게 다가가는 건 사교적인 행동일뿐더러, 내 친구가 늘어나는 일이다.

세 명이 어울려 다니다 보면 그중 한 사람은 소외되었다고 느끼는 경우가 종종 생긴다. 이런 상황과 맞닥뜨렸을 때 당황하지 말고 친구 한 명을 더 맞아들여 보자. 세 명이 모이면 놀이로 끝나지만, 네 명이 모이면 파티가 된다! 물론 다른 친구에게 미리 동의를 구해야 한다. 그러지 않았다간 또 다른 갈등의 씨앗이 될 수 있다.

학교나 학원 또는 집에서, 여러 명의 친구들과 함께하면 단짝 친구와의 관계를 유지하면서도 친구 관계를 넓힐 수 있다. 가끔은 한 친구에 대해 조금 더 알고 싶을 수도 있다. 또 최근 들어 서먹해진 친구와의 관계를 되찾고 싶을 수도 있다. 그럴 땐 그 친구와 따로 약속을 정해 집으로 초대해 보자. 친구를 초대하는 건 대단한 호의이자 칭찬이다. "난 네가 마음에 들어. 친해지고 싶어."라고 말하는 거나 마찬가지니까.

친구를 초대하는 건 여러 명이 함께 있을 때보다 상대방에게만 주의를 기울일 수 있다는 장점이 있다. 누군가와 다퉜다면 그 친구만 집으로 불러 재미있는 시간을 보내도록 하자. 그러면 상대방의 장점을 다시금 발견할 수 있을 것이다.

그런 의미에서 집에 친구를 초대하려는 안젤라의 아이디어는 참 좋다. 다만 너무 자주 초대해서 친구를 질리게 만드는 건 곤란하다. 신나게 노는 것도 한두 번이면 충분하니까. 차라리 여러 명의 친구들을 돌아가며 초대하는 편이 나을 수도 있다 .

일단 누구를 초대하고 싶은지 결정하고 나면, 친구를 언제 초대하면 좋을지 부모님과 먼저 상의하는 게 좋다. 가능한 요일이나 시간대를 두 가지 정도는 잡아 놓아야 친구와 일정을 손쉽게 맞출 수 있다.

친구를 초대하는 방법은 그때그때 달라질 수 있다. 이때 초대하지 않은 다른 친구들의 마음을 상하지 않도록 주의하는 게 좋다.

가끔은 긴급 상황이 발생할 수도 있다. 친구와 좀처럼 시간을 맞추기

오늘 방과 후에
에드랑 축구를 했는데,
정말 신나고 재미있었어요.
우리 집에 에드를 초대해
함께 놀고 싶어요!

엘리자베스와 같은 수학 학원에
다녀요. 걸스카우트 활동도 함께하고요.
둘 다 컴퓨터에 관심이 무지 많아요.
학교 끝나고 우리 집에 초대하고 싶어요!
261
261

힘들 수도 있으니까. 다른 시간을 몇 번 제시해도 안 된다고 하면 "다음에 다시 약속을 잡아 보자."고 대답하고 마음의 여유를 갖는 게 좋다.

오늘 저녁에
우리 집에 와서
주인아저씨 슬리퍼
갈이 물어뜯는 거
어때?
뭐? 좋아!
진짜 재밌겠다!

친구를 맞이하는 방법

일단 약속 잡는 데 성공했다면, 즐거운 시간을 보낼 준비를 해 보자!

1. 미리 준비하기

친구에게 빌려주고 싶지 않은 책이나 장난감, 게임기가 있다면 미리 치워 두도록 하자. 대신에 친구가 왔을 때 함께 할 수 있는 일을 미리 생각해 두는 게 좋다.

어서 와, 태호야!
내 방에서 비디오 게임할래?
아니면 영화를 볼까?

2. 반갑게 맞이하기

친구가 도착하면 웃는 얼굴로 반기고, 함께할 만한 놀이나 활동을 제안해 보자. 선택할 수 있는 제안이 몇 가지 있다면, 두 사람 다 뭘 할지 몰라 쩔쩔매는 상황은 생기지 않을 것이다. ("우리 뭐하고 놀지?" "글쎄?"와 같은 상황 말이다.)

3. 대접하기

손님이 즐거운 시간을 보낼 수 있도록 노력하는 건 초대한 사람의 의무이다. 친구를 놔두고 외출을 한다거나, 다른 사람과 노는 일은 없어야 한다. 나만 뭔가를 하고 친구는 멀뚱멀뚱 쳐다보고 있게 만들어서도 곤란하다. 되도록이면 친구와 함께 놀 수 있도록 신경 쓰면서도, 이래라저래라 간섭하지 않도록 조심하자. 친구가 지루해하는 것처럼 보이면 다른 활동을 하거나 간식을 대접하는 것도 좋은 방법이다.

4. 마무리하기

친구가 집으로 돌아갈 시각이 되면 차분하게 그 사실을 받아들이도록 하자. 투덜대거나 시간을 질질 끄는 행동은 금물! 만약 부모님이 언짢아하는 상황이 발생하면 친구까지 불편해질 수 있다.

그런데 왜 '엉덩이 냄새 맡기'에 대해서는 한마디도 안 하는 건지 도무지 이해가 안 돼.
사람들은 엉덩이 냄새 맡기를 안 하잖아. 조금 안됐어.

오늘 와 줘서 고마워.
집에서 같이 노니까 정말
재미있네. 다음에 또 보자!
나야말로 초대해
줘서 진짜 고마워.
오늘 즐거웠어!

5. 기다리기

친구와 사이좋은 관계를 이어 가되, 또다시 집으로 초대하는 건 이삼 주 정도 시간이 흐른 후에 하도록 하자. 친구가 나를 초대할 기회도 줘야 하니까. 그러면 두 사람이 함께 새로운 친구 관계를 쌓아 간다는 사실이 더욱더 분명하게 다가올 것이다.

다 같이 토론해 보기!

친구 관계를 시작하기 위해 다른 아이에게 먼저 다가가는 건 용기가 필요한 일이다. 마음은 굴뚝같아도 도무지 용기가 나지 않을 때는 다른 사람이 뭔가를 같이하자고 권유할 때 얼마나 기분이 좋았는지 떠올려 보자. 지금도 누군가 내 친구가 되기를 기대하고 있을지도 모른다. 나에게 그 친구를 찾아낼 용기가 있을까? 친구에게 다가가는 방법에 대해 함께 생각을 나눠 보자.

1. 내가 좋아하는 활동 중에 다른 아이와 공통분모를 이룰 수 있는 건 어떤 게 있을까? 또 주변 사람들이 좋아하는 활동 중에서 새롭게 도전해 보고 싶은 마음이 드는 게 있을까?

2. 칭찬하고 싶은 친구가 있는지 생각해 보자. 만약 누군가 머릿속에 떠오른다면 어떤 말로 칭찬을 해 주는 게 좋을까? 일주일 동안 다섯 명의 친구에게 칭찬의 말을 건네 보는 건 어떨까?

3. 문어 빨판처럼 친구에게 집착하는 사람을 만나 본 적이 있는지, 아니면 내가 그런 적은 없는지 곰곰이 생각해 보자. 그러한 상황을 바로잡기 위해서 할 수 있는 일에는 무엇이 있을까?

4. 우리 곁에는 취미 활동이나 동아리 활동 덕분에 친해진 경우가 꽤 있다. 나는 친구를 어떤 식으로 사귀는지 생각해 보자.

5. 집에 초대하고 싶은 친구를 세 명 정도 골라 보자. 그 친구를 집으로 초대한다면 무엇을 하며 시간을 보내는 게 좋을까?

물러서기? 아, 그러니까 누가 내 꼬리를 밟았다면 뒤로 한 발 물러섰다가 도움닫기를 해서 그 친구 꼬리를 더 세게 콱 밟아 주라는 거구나?
참신하긴 한데……. 그렇게 해서 퍽이나 친구 사이가 오래가겠다.

제2장

미안, 내 생각이 짧았어!

: 한 발 물러서기

누구나 친구를 갖고 싶어 한다. 하지만 가끔은 의도치 않게 친구를 밀어내는 행동을 저지르기도 한다. 혹시 친구한테서 짜증나게 하지 말라는 말을 들어 본 적은 없는지……. 그런 말을 들을 땐 자신이 친구를 성가시게 만들고 있을지도 모른다. 그러면 의도가 있든 없든 하던 행동을 바로 멈추는 게 좋다.

이번에는 물러서기에 관해 이야기해 보자. 자신의 행동을 멈추어야 할 때는 언제인지, 또 어떻게 멈추어야 하는지 고민해 보는 시간이다. 물러서기는 친구와의 관계를 지키기 위해 꼭 필요한 필살기이다!

01 부정적인 신호 알아채기

에이단의 고민 : 친구들을 웃기고 싶어요.

에이단,
짜증나게 왜 자꾸 그래?
내 의자 좀 차지 말라고!
벌써 네 번째야!
하하! 에이단,
짜증나게 왜 자꾸 그래?
내 의자 좀 차지 말라고!
벌써 네 번째야!

에이단, 줄리아를 왜
못살게 구는 거니? 자꾸 그러면
혼자 떨어져 앉게 할 거야!
그냥, 장난친
건데요!

다른 사람을 웃게 만들 줄 아는 친구와 어울리는 건 무척 즐거운 일이다. 그런데 유머는 은근히 까다로운 구석이 있다. 적절하지 않은 장소나 시기, 또는 사람에게 멋모르고 농담을 던지면 오히려 주변 사람들을 짜증나게 만들게 된다.

누구나 나처럼 개그
천재가 될 수는 없으니까.
안타깝지만 어쩔 수 없지. 참,
쥐 얘기 하나 더 해 줄까?
고맙지만, 오늘만
열 번 들었으면
충분한 것 같아.

웃기려다 실패했을 때

에이단은 줄리아가 자기를 보고 웃어 주길 바라는 마음에서 일부러 말을 따라 하며 유치하게 굴었다. 그런데 줄리아는 웃기는커녕 짜증을 냈다! 이때 에이단은 걷잡을 수 없는 실수를 저지르고 만다. 줄리아의 의자를 발로 툭툭 차는 행동을 반복한 것이다. 그렇게 하면 줄리아가 재미있어 할 줄 알고…….

이럴 때 바로 '물러서기' 기술이 필요하다. 물러서기란, 한마디로 상대방이 싫어하는 말이나 행동을 그만두는 걸 의미한다. 친구 사이를 적절히 유지하는 데 아주 중요한 기술이다. 자신을 자꾸만 불쾌하게 만드는데 굳이 어울리고 싶어 할 사람은 없으니까.

물러서기를 잘하기 위해서는 그만두라는 신호를 알아차리는 능력이 필요하다. 사람들은 언짢다는 감정을 다양하게 표현한다. 대놓고 말하기도 하고, 얼굴 표정이나 몸짓으로 나타내기도 한다.

말로 점잖게 부탁하기도 하지만, 얼굴을 찌푸리거나 몸을 돌리는 등의 표현을 통해서도 자신의 의사를 충분히 보여 준다는 것이다. 이런 신호를 재빨리 알아채고 물러서지 않으면 참다 못한 상대방이 화를 낼지도 모른다. 상대방 입장에서는 자신을 무시한다고 느낄 수도 있기 때문이다.

때로는 그저 웃기려고 농담을 던지다가 다른 사람의 감정을 다치게 하는 경우도 생긴다. 이때 "그냥 농담이잖아!"와 같은 말을 하면 상황이 더 나빠질 수 있다. 감정이 상한 친구를 화나게 만들 필요는 없지 않을까?

다 같이 생각해 보기!

아래에서 그만두라는 친구의 신호를 찾아보자.

1. 그만해!

2. 지금 몇 시쯤 됐지?

3. 우리 언니는 눈동자가 갈색이야.

4. 하지 말라고!

5. 너 때문에 지금 짜증나려고 해!

6. 아니, 나는 중학생이야.

7. 나를 그렇게 부르지 마.

8. 조용히 좀 해.

9. 재미있는 일 없어?

정답 : 1, 4, 5, 7, 8.

6번은 '아니'라는 단어를 포함하고 있기는 하지만, 그만두라는 신호가 아니라 설명하는 문장이다.

미안하다고 사과하기

자신의 말이나 행동이 다른 사람을 짜증나게 만들었다면 즉시 하던 행동을 멈추도록 하자. 그러고 나서 "미안해!"라고 사과해야 한다. 미안하다는 말은 내가 상대방의 기분을 상하게 만들었다는 사실을 깨달았기에, 이제 그만하겠다는 걸 알릴 수 있는 가장 명확한 수단이다.

사과를 하고 난 뒤에는 양손을 엉덩이 밑에 깔고 앉거나, 혀가 입천장에 딱 달라붙어 버렸다고 상상하면 쓸데없는 말이나 불필요한 행동을 더 이상 하지 않게 된다. 그래도 상대방의 기분이 나아질 기미가 보이지 않는다면, 잠시 자리를 피하는 것이 좋다.

그 돼먹지 않은 랩 좀 그만두지 그래?
어, 미안.
웃기려고 한 건데 재미없었나? 그만하는 게 좋겠다.

누구나 가끔씩 실수를 저지른다. 농담이랍시고 작정하고 한마디 던졌는데 눈곱만큼도 재미있어 하지 않거나, 신이 나서 침까지 튀겨 가며 이야기를 들려줬는데 아무도 흥미를 보이지 않을 수도 있다. 그렇더라도 그만하라는 신호만 잘 파악하면 충분히 수습할 수 있다!

잘 알지 못하는 사람을 웃게 만들기란 매우 어렵다. 그럴 때는 웃기려고 하는 것보다 친절하게 행동하는 편이 훨씬 더 안전하다. 친절하게 행동하면서 잘못하는 경우는 흔치 않으니까.

사실 다른 사람을 짜증나게 만드는 행동에는 분위기 파악을 하지 못하는 농담만 해당되는 건 아니다. 지나치게 자기 의견을 내세울 때도

맞다니까!
진짜 맞아!
맞다고!
아니라니까!
아니야!
아니라고!

친구가 그만하라는 신호를 보내올 수 있다. 서로 자신의 말이 맞다고 빡빡 우겨 본 적 있는 사람?

서로 자기 말이 맞다고 우기기 시작하면, 아무도 상대방의 말에 귀를 기울이려 하지 않기 때문에 문제가 쉽사리 해결되지 않는다. 성난 표정을 짓거나 손을 허리에 올리는 자세는 그만두라는 신호인데, 둘 다 목청이 커진 상태이기에 신호를 받아들이려 하지 않는 것이다.

화가 날수록 목소리가 점점 커지기도 한다. 그런데 더 큰 목소리로 말하면 자신의 생각이 옳다는 걸 친구에게 더 쉽게 전달할 수 있을까? 아니다! 크게 말한다고 해서 설득력이 생기지는 않는다. "아, 네 목소리가 나보다 크니까 네 생각을 따를게!"라고 말할 친구는 이 세상에 아무도 없다. 오히려 싸늘한 반응만 돌아올 뿐이다.

소리를 지르면 일단 귀가 따갑다. 게다가 상대방을 위협하는 느낌이 들고, 때로는 주변 사람까지 불쾌하게 만들 수 있다. 그래서 소리를 지르는 사람에게는 조용히 하라는 말부터 하고 싶어지게 된다. 아니면 더 큰 목소리로 '되받아쳐' 주거나.

친구랑 말다툼하다가 눈치껏 물러서기 위해서는 어떻게 해야 할까?

1. 설명하기

내가 그렇게 생각하는 이유를 침착하고 분명하게 설명해 보자. 그러면 친구가 내 생각을 이해할지도 모른다. 그게 아니라도, 최소한 타협은 할 수 있을 것이다.

어쩌고저쩌고해서…….
나는 판지보다 점토가 우리
과제에 더 어울린다고 생각
한 거야.
무슨 말인지 알겠어.
좋아, 대신에 배경은
판지로 만들자.
접착제

2. 물어보기

무엇을 하기 전에 친구의 생각은 어떤지 물어보자. "어떤 점에서 그게 마음에 들어?" 하는 식으로 말이다. 친구가 무엇을 원하는지 알게 되면 어떻게 행동해야 할지 결정하기가 한결 수월해진다.

여기서 중요한 점! '왜'라는 말 대신 '무엇'이나 '어떤'과 같은 단어를 쓰도록 하자. “대체 그걸 왜 하고 싶은데?”와 같은 말은 자칫하면 따지거나 항의하는 것처럼 들릴 수도 있으니까.

〈아마존 독거미의 공포〉가 왜 싫다는 거야? 저 송곳니, 뚝뚝 떨어지는 독! 끝내주지 않아?
절찬 상영 중!
아마존 독거미가 나타났다!
나는 공포 영화를 보면 악몽을 꾼다고. 그리고 곤충도 싫어해. 다른 영화를 봤으면 좋겠어.
절찬 상영 중!
존 독거미가 나타났다!

3. 인정하기

언제 어디서든 같은 생각을 하는 사람은 이 세상에 없다. 그러니까 때

축구는 한국이 미국보다 낫지!
한국은 월드컵 4강까지 올라갔는걸.
하지만 미국은 요 근래 그렇게
잘한 적이 없잖아.
그렇지만 미국
대표팀은 세 번 연속
16강 이상 올라간 적이
있다고. 꾸준한 건
인정해 줘야지.

음, 넌
미국팀 응원하고 난
한국팀 응원하고.
그러면 되겠네.
그래, 네 말이
맞아. 우리 수학
숙제 같이할래?

로는 친구의 의견을 기꺼이 인정하고 넘어갈 필요가 있다. 친구에게 "그래, 우리는 그 점에 대해 서로 생각이 달라."라고 말해 보자.

4. 양보하기

양보하기는 사실 조금 어려울 수 있다. 상대방의 생각이 틀리고 내 생각이 옳다고 확신하는 경우에는 더 그렇다. 그렇다고 무조건 양보를 하라는 뜻은 아니다. 가끔은 친구를 배려하는 마음에서 "좋아, 네가 말한 대로 하자."라고 동의하자는 것뿐이다. 공정한 결과보다 친절한 행동이 더 중요하게 작용하는 때가 있으니까.

종종 말다툼을 하는 사이라면, 사이좋게 지낼 수 있는 방법을 찾아야 한다. 그렇지 않고선 두 사람의 관계가 지속되기 어렵다. 하지만 조금만 서로 노력하면 각자 생각이 다르다는 사실을 받아들이고 친구에게 양보할 수 있다!

말다툼을 멈추고 한 발 물러서 보자. 그렇게 하면 나는 친구의 기분을 배려하고 있다는 사실을 전할 수 있고, 친구는 나와 함께 있는 걸 더욱 편안하게 느낄 것이다.

우리 집에 컨트롤러가 하나밖에 없으니까 돌아가면서 하자. 내가 먼저 할게.
뭐야, 지난번에도 네가 먼저 했잖아?

내 기억에는 그렇지 않은데……. 뭐, 괜찮아. 네가 먼저 해.
우아, 진짜 고마워!

02 믿고 신뢰하기

수전의 고민 : 친구들이 내 욕을 하는 것 같아요.

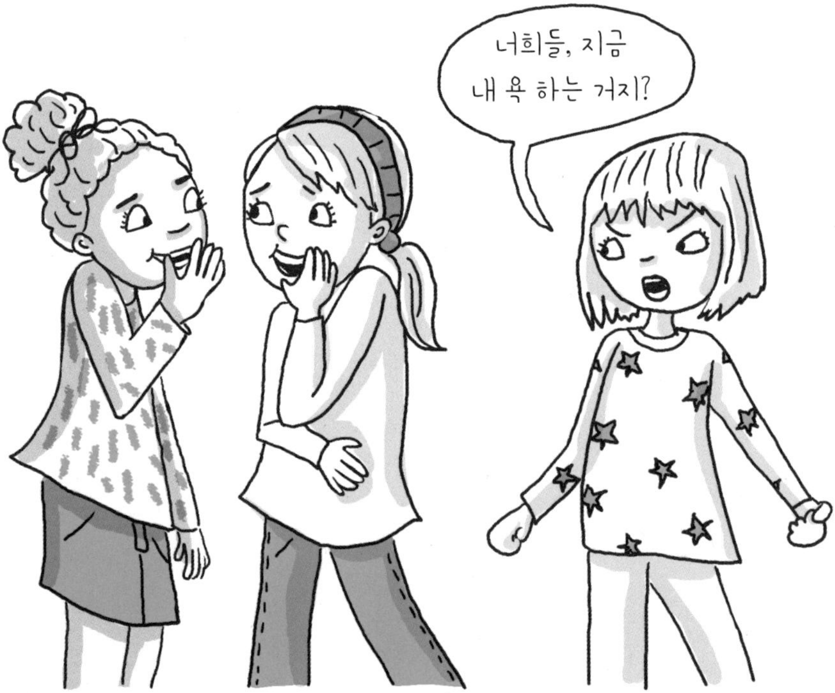
너희들, 지금
내 욕 하는 거지?

아니야, 네 얘기
안 했어!
정말이야,
안 했다니까!
그런데 왜 둘이서
속닥거려? 너희들,
진짜 짜증난다.

화를 쉽게 내는 사람은 다른 아이들이 일부러 자신에게 나쁜 행동을 한다고 단정 짓기 쉽다. 수전도 마찬가지. 지금 두 친구가 무슨 이야기를 나눴는지 듣지도 못했으면서, 묻지도 따지지도 않고 자신의 험담을 했다는 결론을 내리고선 버럭 화를 낸 것이다.

저런 식으로 대놓고 화를 내지는 않더라도 자기 멋대로 해석을 해서 오해를 낳는 경우가 종종 있다. 그럴 때는 주변 사람들을 일단 믿어 보도록 하자. 물론 생각만큼 쉬운 일은 아니다. 무엇보다 친구들이 전부 착하다고 전제해야 하고, 무슨 일이 생겼을 때 논리적으로 판단해야 하기 때문이다.

수전의 행동을 논리적으로 살펴보자. 두 친구가 대화를 하면서 목소리를 낮춘 것에 나쁜 마음이 있었다고 볼 수 없는 이유가 잔뜩 있다.

헐! 수전은
성격이
무지막지하게
급하네. 곧바로
화부터 내는걸?
우아,
개과천선
했네!
나도 한때는
성격이 급했지.
종종 할퀴기도
했으니까……. 하지만
지금은 가구를 긁어 놓는
정도가 전부야.

1. 수전이랑 전혀 관련이 없는 이야기를 하고 있었을지도 모른다.
2. 자신들만 아는 비밀—누군가를 좋아한다거나—얘기를 하느라 아무도 듣지 못하게 귓속말을 했을 수도 있다.
3. 두 사람은 수전이 근처에 있는 줄 몰랐을 수도 있다. 만약 알았더라면 기꺼이 수전을 대화에 끼워 주었을지도…….
4. 오히려 수전에 대해 좋은 이야기를 하고 있었을지도 모른다!

만약 수전이 친구들을 믿어 주었다면 좋은 관계를 계속 이어 나갈 수 있었을 것이다. 하지만 "너희들, 내 얘기 한 거 맞지? 내 욕 한 거 다 알아!"라고 의심하고서 화를 낸다면, 수전은 아이들에게 도리어 험담할 거리를 만들어 주는 셈이 된다.

물론, 다른 사람 앞에서 귓속말을 하는 건 예의에 어긋나는 일이다. 하지만 수전이 나서서 버릇을 고쳐 줄 필요까지는 없다. 게다가 욕이 되었든 칭찬이 되었든, 다른 아이들이 항상 자기 얘기를 한다고 생각하는 것 자체가 이미 너무 앞서간 거라고 볼 수 있다.

뭐, 그럴 수도 있지

일부러 나쁘게 행동하는 사람은 별로 없다. 특히나 친구 사이라면 더더욱. 친구가 내가 싫어하는 행동을 했다면 보통은 어쩌다, 또는 오해에서 비롯되었을 확률이 높다. 아니면 그런 행동을 내가 싫어하는 줄 모르고 있을 수도 있다. 그러니까 의도적으로 그랬을 가능성은 별로 없다. 따라서 친구에게 뭔지 모르지만 어떤 이유가 있어서 그렇게 행동했을 거라고 생각하면 예민하게 반응하지 않을 수 있다.

이럴 때 '어쩌면'이란 말을 앞에 붙여서 생각해 보면 도움이 된다.

존이 내 볼펜을 멋대로 가져가 버렸어요!

어쩌면 존은 순간적으로 그 볼펜을 자기 거라고 착각했을지도 모른다.

어쩌면 바닥에 떨어진 걸 잠깐 주워 두었다가, 나중에 돌려줄 생각이었을지도 모른다.

만약 처음에 나타난 두 아이가 정말로 수전의 험담을 하고 있었다면 어떻게 해야 할까? 수전이 실제로 "수전은 잘난 척이 너무 심해!"와 같은 말을 뒤에서 들었다면? 이때 수전이 화를 벌컥 내는 게 옳을까?

그렇지 않다. 그러면 두 아이가 무조건 아니라고 우기며 발뺌을 하거나, 수전이 이유 없이 자신들을 의심한다고 도리어 화를 낼 수도 있다. 수전에게 대놓고 말한 게 아니라면 굳이 맞설 필요가 없다.

그런 상황을 목격하면 몹시 불쾌한 기분이 들겠지만, 다른 사람들이 모두 나를 좋아해야 하는 건 아니지 않은가. 그리고 나에 대해 듣기 좋은 말만 하도록 조종할 수도 없는 노릇이다. 아무 말도 하지 못하게 입에다 테이프를 붙일 수는 없으니까.

험담을 하는 아이들에게 그만두라고 소리쳐 봤자 오히려 기름만 붓는 꼴이 되기 십상이다. 엎친 데 덮친 격으로, 험담거리를 하나 더 늘려주게 될 수도 있다.

그러니까 제일 좋은 방법은 자신에 대한 험담을 하든 말든 전혀 신경 쓰지 않는다는 듯한 태도를 보이는 것이다. 아이들끼리 말을 옮기다 제풀에 지쳐 그만두기를 침착하게 기다리면서 말이다.

물론, 이렇게 행동하는 건 참 어렵다. 마음속으로는 무지하게 속상하더라도, 험담을 하는 아이들 앞에서는 최대한 감정을 드러내지 않는 편이 현명하다. 내가 상처받는 모습을 보면 그 아이들은 한층 더 기세등등해할 수 있으니까.

이럴 때는 나를 잘 아는 친구들은 그런 험담에 휩쓸리지 않고 끝까지 나를 믿고 아껴 줄 거라는 사실을 기억하면서 힘을 내도록 하자!

그렇거나 말거나, 어떤 아이가 내 험담을 하고 다니는 게 느껴진다고? 그건 어쩌면 그 아이와 어울리지 않는 게 좋다는 긴급 신호일 수도 있다.

나는 누가 귓속말을 하고 있는 걸 보면 내 수염에 놀라서 감탄하느라 그런다고 생각했는데. 안 그래?
그래, 어련하시겠어. 생각은 자유니까.

03 위기 상황 벗어나기

카일의 고민 : 걸핏하면 눈물이 나서 창피해요.

이런, 카일!
철자가 하나 빠졌어.
자리로 돌아가렴.
'뷰티풀'의 철자요?
B-e-a-u-t-f-u-l-l.

선생님,
카일이 또 울어요!

카일은 영어 시간에 단어 시험을 통과하지 못해서 무척 속상했던 모양이다. 누구나 이런 상황을 맞닥뜨리면 마음이 상하기 마련이다. 친구들 앞이라 부끄러움이 배가되기도 한다. 그런데 카일은 기분이 상할 때마다 눈물이 자꾸 흐른다. 정말이지 울고 싶지 않은데…….

툭하면 눈물을 흘린다고?

누구나 운다. 슬프거나, 실망하거나, 상처를 받았을 때, 이런저런 이유로 속이 상하면 눈물이 저절로 차올라 흘러내리곤 한다. 이건 매우 자연스러운 현상이다.

그런데 카일은 아무도 울지 않는 상황에서 혼자서 자주 눈물을 흘린다. 그것도 반 아이들 전체가 지켜보는 곳에서. 이럴 때 꼭 선생님한테 이르는 아이가 있다. "카일 또 울어요!"라고 하면서.

안타깝게도 친구들은 습관적으로 우는 아이를 썩 좋아하지 않는다. 어쩌다 가슴 아픈 일이 생겨서 울음을 터트린다면 친구들이 따뜻하게 위로해 줄지도 모른다. 하지만 하루가 멀다 하고 자꾸 울면 가엾게 여기는 마음이 싹 가실 수도 있다. 누구나 함께 있으면 즐거운 친구와 어울리고 싶어 하니까. 심지어 울음을 잘 터뜨리는 친구를 골라 괴롭히는 아이도 있다.

습관적으로 우는 건 친구를 사귀는 데 그다지 도움이 되지 않는다. 우는 데 시간을 허비하다 보면, 그만큼 재미있고 신나는 일을 즐길 수 있는 시간이 줄어들 수밖에 없다.

다른 사람들 앞에서 울음이 왈칵 쏟아지려 할 때는 어떻게 하면 좋을까? 일단 머릿속을 어지럽히는 문제를 재빨리 떨쳐 버릴 수 있는 방법을 찾아야 한다.

1. 5초 동안 호흡하기 : 5초 동안 숨을 들이쉬고, 5초 동안 숨을 참은 다음, 5초 동안 부드럽게 숨을 내쉬는 방법이다. 마음을 가라앉히고 감정을 조절할 수 있겠다는 확신이 들 때까지 반복한다.

나는 내 털을 살살 핥으면 마음이 가라앉아.
하긴, 그래서 사람들은 털뭉치를 토할 일이 없긴 하지.
맞아! 나도 그래. 사람들은 털이 없어서 안됐지 뭐야.

2. 다른 생각 하기 : 다른 것에 주의를 집중해 보자. 창밖을 내다보거나, 벽의 타일 개수를 세거나, 곱셈이나 나눗셈을 하거나, 반 친구들 이름을 하나하나 열거해 보거나…….

3. 휴식 취하기 : 문제 상황에서 한 발짝 떨어져 있으면 마음을 가라앉히는 데 한결 도움이 된다. 화장실에 가서 손을 씻으며 불쾌한 감정을 헹궈 낸다고 생각하는 것도 좋은 방법이다.

사실 눈물을 참는 것보다 더 좋은 방법이 있다. 안 좋은 일이 벌어지는 순간, 너무 우울해지지 않도록 미리 조심하는 것이다. 연구 결과에 따르면 우리가 머릿속으로 어떤 말을 하는지에 따라 기분이 좌우된다고 한다. 카일은 단어 시험을 통과하지 못하고 자리로 돌아가면서 이런 생각을 했을지도 모른다.

제대로 할 줄
아는 게
하나도 없어!
그래!
내가 그렇지, 뭐.
틀릴 줄 알았어.
난 철자를
너무 못 외워.
가망이 없어!
난 너무너무
멍청해!

카일은 지금 스스로에게 매우 혹독한 말을 퍼붓고 있다. 이런 생각은 하면 할수록 점점 더 속상해진다. 단어 시험을 통과하지 못하고서 기분이 좋을 사람은 아무도 없다. 그렇다고 부정적인 말만 떠올리다 보면, 문제가 실제보다 더 크게 느껴질 수 있다.

내가 카일의 친구라고 상상해 보자. 카일을 위로하기 위해 어떤 말을 해 줄 수 있을까? "생각보다 까다로운 문제였어."라고 하거나, "누구나 실수할 때가 있잖아."라고 하면서 다독여 줄 수 있을 것이다.

친구를 위로하는 방법을 안다면 자기 자신도 충분히 위로할 수 있다. 친구에게 하듯 자신에게도 위로와 격려를 해 보자. 시험을 망친 친구에게 "넌 왜 할 줄 아는 게 하나도 없냐?"라고 말하는 사람이 있을까? 그런데 자신에게는 이런 모진 말을 서슴없이 하기도 한다. 이런 말은 전혀 도움이 안 되면서 기분만 망칠 뿐이다.

자, 이제부터 자신에게 친절한 말을 건네 보자!

나 자신부터 아끼자

기운을 북돋아 줄 수 있는 생각을 하는 것도 어려운 상황을 이겨 내는 데 많은 도움이 된다. 물론 전혀 그렇지 않은 상황에서 "와, 오늘 끝내주는걸!"이라는 식의 거짓말로 자신을 속일 수는 없다.

아, 진짜!
이번 시험 완전히
망쳤네! 난 왜 이렇게
멍청한 거야?
-40

다만 자신에게 힘이 나는 응원 몇 마디를 던지는 것만으로 마음이 한결 차분해질 때도 많다. "언젠가는 이겨 낼 수 있어."라거나, "지난번에도 잘 견뎠잖아." 또는 "금방 지나갈 거야." 등이 대표적이다.

우리가 겪는 안 좋은 일들은 살아가면서 누구나 맞닥뜨리는 것이다. 그러니 충분히 이겨 낼 수 있다.

자기 자신에게 심술궂은 말을 쏟

아 붓는 친구들의 모습을 떠올려 보자. 그렇다면 시험을 망친 친구의 기분을 나아지게 할 수 있는 말로는 어떤 게 있을까?

"넌 멍청하지 않아. 이번 시험이 어려웠어. 다음엔 꼭 잘할 수 있어!"

나쁜 기분에서 벗어나기

안 좋은 상황이 닥쳤을 때 슬프거나 화난 감정을 느끼는 건 무척 자연스러운 일이다. 그렇지만 그 기분에 사로잡혀 있어서는 곤란하다.

어느 순간에 이르면—빠를수록 더 좋다!—"더 이상 이런 기분에 붙들려 있지 않을래!" 하고 결단을 내려야 한다. 마음을 바꾸면 괴로운 감정도 더 빨리 사라진다.

나를 속상하게 하는 생각이나 기억에서 벗어나 즐겁고 신나는 일을 하면서 스스로를 격려하고 아껴 주는 것이 좋다. 친구와 농구를 한 판 하거나, 부모님과 함께 저녁 식사를 준비하거나, 좋아하는 음악을 듣거나, 재미있는 책을 읽거나……. 기분이 안 좋을 때 바로바로 사용할 수 있는 특효약을 미리 준비해 놓도록 하자!

다 같이 토론해 보기!

물러서기를 잘하는 비법은 다른 사람의 반응을 잘 살피는 것이다. 미소를 띠고 있는지, 짜증을 내고 있는지, 같이 어울리려 하는지, 거리를 두려 하는지 등등. 우리는 이런 반응들에서 실마리를 얻어 적절하게 행동해야 친구 관계를 더욱 돈독히 할 수 있다. 상대방의 눈치를 보라는 게 아니니 오해를 하지는 말자. 어디까지나 상대방을 존중하려는 행동일 뿐이니까.
다음은 한 발 물러서기를 잘 실천할 수 있도록 도와주는 질문들이다.

1. 어떻게 하면 애정 섞인 장난과 지나친 장난을 구별할 수 있을까?
(힌트 : 각각의 장난에 친구들이 어떤 반응을 보이는가?)

2. 다른 아이를 짜증나게 만든 후, “농담이었다니까?”라고 말하면 도리어 기분을 더 언짢게 만들 수 있다. 이럴 땐 어떤 말을 하는 것이 좋을까?

3. 친구와 의견이 다를 때는 끝까지 빡빡 우겨야 할까?

4. 많은 사람들 앞에서 울음이 터질 것 같을 때는 어떻게 해야 할까?

5. 주로 어떤 경우에 스스로에게 심술궂은 말을 하게 될까? 이때 어떤 말을 하면 마음을 가라앉힐 수 있을까?

섞여들기라고? 내 사촌 호랑이처럼 일단 몸을 한껏 웅크리고 있다가, 우거진 풀숲에서 소리 없이 조금씩 움직이라는 말이군. 그러다 사람들이 전혀 예상하지 못한 순간, 뒤에서 확!
주변에 풀숲이 없으면 어떡하려고? 여러 친구들과 함께할 방법을 찾으라는 거지.

제3장

우리는 한 팀이야!

: 친구들 사이로 섞여들기

친구와 단둘이 우정을 나누는 건 아주 멋진 일이다. 그런데 여러 친구들과 어울리면 더 큰 재미를 느낄 수 있다. 많은 사람이 모이면 다양한 아이디어가 넘쳐나서 웃을 일도 더 많아진다. 물론 의견이 여러 가지로 갈려서 갈등이 생길 우려도 있다. 혹시, 같은 무리에서 다른 아이들은 재미있게 노는데 나만 외톨이인 것처럼 느껴진 적은 없는지……. 또 단체 활동을 할 때 친구들이 협력하지 않아서 불만스러웠던 적은?

이번에는 섞여들기에 대해 이야기하려 한다. 여러 친구들과 함께 어울리는 방법을 쉽게 깨닫게 될 것이다!

01 함께 어울리기

메리의 고민 : 저 혼자서 멀찍이 떨어져 지켜보게 돼요.

메리,
왜 다른 아이들이랑
안 어울리는 거야?
저한테 아무도
같이 놀자는 말을
안 해요!

메리는 다른 아이들이 재미있게 노는 모습을 가만히 바라만보고 있다. 함께 놀고 싶으면서도 어쩔 수 없다고 생각한다. 왜냐고? 아이들이 함께 놀자고 콕 집어 말하지 않았으니까. 그러면 아이들은 정말 메리와 함께 놀고 싶지 않은 걸까?

아마 아닐 것이다. 신나게 수영을 하다 보면 옆에 누가 있든지 크게 상관이 없다. 그게 메리든, 수전이든, 카일이든 간에 말이다. 친구들은 오히려 메리가 물을 싫어하거나, 아니면 자기들과 놀고 싶어 하지 않는다고 생각할지도 모른다. 자신들이 노는 데서 멀찍이 떨어져 있으니까.

이럴 때 메리는 어떻게 해야 할까? 친구들에게 다가가서 같이 놀아도 될지 예의 바르게 물어봐야 할까? 언뜻 그렇게 하는 것이 바람직하게 느껴질 수도 있다. 어른들은 보통 그렇게 하니까. 하지만 신나게 노는 장소에서 의사를 물어보고 참여하는 건 참 어색한 일이다.

"같이 놀아도 돼?"라고 묻는 순간, 친구들의 흥을 깨트리게 된다. 아마 친구들 모두 동작을 멈추고 메리를 바라보면서, 졸지에 같이 놀 건지 말 건지를 결정해야 하는 당황스런 상황과 마주하게 될 것이다. 혹시라도 짓궂은 친구가 끼어 있다면 이때를 놓치지 않고 "안 돼! 끼워주기 싫어!"라고 매몰차게 거절할 수도 있다.

친구들과 어울리고 싶을 때는 주의를 집중시키지 말고 슬그머니 섞여드는 것이 가장 좋은 방법이다!

적당한 때를 노려라!

버스든 택시든 승용차든, 자동차가 고속도로로 진입할 때 어떤 식으로 운전을 해야 할까? 먼저 도로에서 주행 중인 다른 차들을 확인한 후, 흐름을 해치지 않으면서 미끄러지듯 섞여들어야 한다.

만약 고속도로에 무작정 끼어들기를 하면 어떻게 될까? 아마도 끔찍한 사고가 날 것이다. 반대로 우물쭈물하다가 고속도로에 제때 진입하지 못한다면? 목적지로 향하지 못한 채 그 자리에 계속 엉거주춤하게

이봐요, 보지도 않고 불쑥 끼어들면 어떡해요?
고속도로 진입로
101

야! 갑자기 뛰어들면 어떡해? 너 때문에 게임을 망쳤잖아!

서 있어야 할 것이다. 친구를 사귈 때도 마찬가지다. 무작정 끼어들거나 망설이기만 하다가는 아무것도 얻을 수 없다!

자연스럽게 섞여드는 법

고속도로에 진입하는 자동차처럼 친구들 사이로 쓰윽 끼어 들어가 보자. 먼저 친구들이 무엇을 하고 있는지 면밀히 관찰해야 한다. 그런 다음에 행동을 개시한다!

• 관찰하기
캐롤라인, 아야미, 그레이스, 아니타가
다이빙할 때 누가 더 큰 물보라를 일으키는지
겨루고 있나 보네? 와, 재밌어 보인다!

• 섞여들기
아야미가 뛸 때 나도 같이 해야겠다. 다른 사람 위로 뛰어들지 않도록 조심하면 되는 거지?
우아! 물보라가 진짜 엄청나다!
응, 그래. 고마워!

• 함께하기
쌍둥이 다이빙이잖아? 아, 좋았어!
다음엔 우리 다 같이 한번에 뛰어들어 보면 어떨까?

1. 친구들이 하는 활동이나 놀이를 주변에서 하고 있다가 점차 가까이 다가간다.
2. 친구들의 장점을 찾아서 큰 소리로 칭찬한다.
3. 뭔가를 들거나, 옮기거나, 가져오는 걸 도와주면서 호감을 쌓는다.
4. 자기 차례가 돌아올 수 있도록 줄을 선다.

친구에게 물어보지 않고 활동이나 놀이에 참여하는 건 무례하지 않냐고? 아니다, 오히려 흐름을 해치지 않으면서 도움을 주는 것이 친구들을 존중하는 태도이다.

이제 메리는 수영장에서 어떻게 행동해야 할까? 먼저 아이들이 어떤 놀이를 하고 있는지 파악하기 위해 관찰을 해야 한다. 그다음에는 친구들을 칭찬하며 가까이 다가간다. 그러고 나서 흐름을 끊지 않는 선에서 적절히 도움을 주며 놀이에 자연스럽게 끼어든다.

그런데 친구들이 메리와 함께 노는 것을 반기지 않는다면? 자기들끼리만 하고 싶다고 대놓고 말한다면? 사실, 그런 일이 생길 수도 있다. 누구라도 혼자 남겨질 수 있는 법이니까. 그렇다고 함께하려는 시도조차 하지 않는다면, 메리가 다른 친구들과 즐거운 시간을 보낼 수 있는 기회는 영영 사라져 버릴 것이다.

이럴 때는 아예 혼자 놀고 있거나, 네 명 이상이 모여 있는 무리를 찾는 편이 좋다. 두세 명이 모여 있는 무리의 경우는 결속이 상당히 단단해서 다른 사람이 끼어들기가 쉽지 않다.

규칙이 있는 게임에 참여하고 싶을 땐?

지금까지는 단순히 모여서 놀고 있는 친구들 사이로 끼어들기 위해 어떻게 하면 좋은지 살펴보았다. 그렇다면 규칙이 있는 게임에 참여하기 위해서는 어떻게 해야 할까? 금방 끝나거나 두 사람이 하는 게임일 경우, 끝나기를 기다렸다가 다음 순서에 참여하면 된다. "재밌겠다! 나하고 한번 해 볼래?"와 같은 말을 하면서.

다수의 친구들이 모여서 운동 경기를 시작하기 전이라면 팀을 나눌 때 가까이 다가가 섞이도록 하자. 사람 수가 맞지 않는다면 오히려 균

음, 얘들은 자기들끼리만 엄청 친한 것 같아. 내가 끼어들 틈이 전혀 없겠는걸. 차라리 다른 아이들을 찾아보는 편이 낫겠다.

이번엔 내가 할래!
내가 너보다 잘하잖아!
뒤로 가서
네 차례를
기다리라고!

발야구를 하고 있구나?
맨 뒤에 서서 내 차례가
될 때까지 기다려야겠다.

저희끼리만 탑 쌓기를 하고 있잖아? 내가 가서 확 무너뜨려야지!

탑을 쌓고 있네! 이 나뭇가지로 꼭대기를 장식하면 더 멋지겠다.

형을 맞춰 줄 수도 있다.

경기가 진행 중이라면 '지고 있는' 팀에 들어가는 걸 시도해 보자. 지고 있는 팀은 다른 사람의 도움을 받고 싶어 하기 때문에 새로운 친구를 받아들여 주기가 쉽다. 경기가 잠시 중단될 때를 끈기 있게 기다리다가 도움이 될 만한 행동을 해 보는 것도 좋다. 골라인 밖으로 나간 공을 주워서 가져다주는 등의 행동으로 자연스럽게 참여할 수 있다.

그렇다면 이미 진행 중인 게임에 참여하기 위해서는 어떻게 행동해야 할까?

들어갈 틈이 없다고?

어떤 무리에 섞여들고 싶은데 받아 주지 않을 땐 억지로 밀어붙이지 않아야 한다. 무턱대고 끼워 달라며 우기거나 화를 내면 역효과만 자아낼 뿐이다.

그럴 때는 그저 알겠다는 듯 미소를 지으며 다른 무리를 찾아보도록 하자. 설령 기분이 좋지 않더라도 드러내지 않는 게 좋다. 정 아쉬움이 남는다면 어느 정도 시간이 흐른 후에 또다시 시도해 보면 된다.

어떤 무리가 두세 번 반복했을 때도 받아들여 주지 않는다면 깨끗이 마음을 접는 편이 낫다. 기껏 받아들이고 나서도 친절하게 굴지 않는다면 역시 다른 친구들을 찾아보도록 하자.

그러면 어떤 친구들의 무리에 들어가는 것이 좋을까?

일단 공통점이 있는 또래 친구들에게 다가가 친근한 태도를 보이는 게 유리하다. 예를 들어 동네 축구팀에 새로 들어가게 되었는데, 거기서 같은 학교 아이들이 있는 걸 발견했다면? 무조건 웃으며 인사를 건네고 준비 운동할 때 옆에 딱 붙어 서는 게 좋다.

기회를 노리라는 뜻이 아니다. 낯이 익은 친구들에게 아는 척을 하는 건 아주 자연스런 행동이다. 처음에 모르는 척했다가 나중에 아는 척을 하는 건 오히려 계면쩍은 상황이 될 확률이 높다.

그렇다면 잘 아는 친구들인 경우에는 어떻게 해야 할까? 이때는 친구 무리에 합류할지 말지를 결정해야 한다. 아래 몇가지 질문에 대답해 보자.

1. 그 친구들이 즐겨 하는 활동을 나도 좋아하는가?
2. 그 친구들이 나에게 호감을 표시하는가? (예를 들어, 계획을 짤 때 나를 포함시키는지?)
3. 그 친구들과 함께 있을 때 내 마음이 편안한가?
4. 내 주변 사람들이 그 친구들을 마음에 들어 하는가?

이 질문 가운데 하나라도 '아니요'라는 대답이 나온다면 그 친구들 무리에 들어가는 게 좋은 선택이 아닐 수도 있다. 가끔 다른 선택을 할 수 없다는 이유로, 자신을 심술궂게 대하는 '무늬만 친구'인 아이들과 어울릴 때도 있다.

사실 다른 선택의 여지가 없는 경우란 없다! 늘 함께 어울려 다니던 무리에서 떨어져 나오는 건 결코 쉬운 일이 아니다. 하지만 부당한 대우를 계속해서 당하는 것보다는 무리에서 떨어져 나오는 어려움을 감수하는 편이 훨씬 낫다.

많은 청소년들이 어울리는 무리를 하나만 갖고 있어야 한다고 생각한다. 아니다! 어울리는 친구가 많을수록 즐거운 일도 풍성해진다. 이 무리와는 운동을 하는 게 신나고, 저 무리와는 대화를 나누는 게 재미있고, 또 다른 무리와는 학교 공부나 과제를 하는 것이 즐거울 수도 있으니까. 이왕이면 두루두루 어울리는 것이 이롭다.

단짝 친구와 소원해졌을 땐?

어떤 일을 계기로 단짝 친구와 서먹서먹해졌을 땐 어떻게 해야 할까? 그래서 그 친구가 무리에서 떨어져 나간다면? 마음이 몹시 괴로울 수밖에 없다. 이럴 땐 그 친구에게 따지거나 매달려 봐도 아무 소용이 없다. 관계만 더 나빠질 뿐이다.

그 친구에게 심술궂게 굴지 않도록 조심해야 한다. 친구를 뒤에서 비난하는 것도 현명한 태도가 아니다. 설령 나하고 전처럼 친하게 지내지는 않는다 해도 원만한 관계를 유지하는 게 좋다. 언제 어떻게 예전 친구와 다시 친해질지 아무도 모른다. 어떤 일이든 가능성은 활짝 열어 두는 편이 좋다.

02 장단 맞추기

제이슨의 고민 : 다른 아이들에게 삐딱하게 굴어요.

야, 나 어젯밤에 《해리 포터》 시리즈 드디어 다 읽었어! 진짜 짱이더라!
나도 그 시리즈 다 갖고 있어!
난 아직 몇 권 빠졌는데, 빨리 사야겠다!
나는 이번 주말에 사기로 했어. 우리 아빠도 팬이시거든!

헐, 아직도 그 시리즈 얘기를 해? 그거 너무 옛날 책 아니야? 한물간 거잖아.
제이슨, 뭐라고?

제이슨의 말에 다른 아이들이 상냥하게 대답할 거라고 기대했다면? 당연히 크나큰 오산이다. 제이슨은 자신이 다른 친구들보다 책을 보는 수준이 더 높다고 여기고, 단지 그런 생각을 솔직하게 전하려 했을 뿐인지도 모른다. 그런데 문제는 제이슨의 말이 다른 친구를 비난하는 것처럼 들린다는 거다.

제이슨이 책에 대한 자신의 생각을 솔직하게 밝히는 게 잘못된 일일까? 아니다. 그렇다면 다른 아이들이 전부 《해리 포터》 시리즈를 재미있어 하니까 제이슨도 기꺼이 좋아해야 마땅할까? 그것 역시 아니다.

친구들의 취향에 맞추기 위해 순간적으로 잘 보이거나 무언가를 무마하기 위해 포장하는 건 절대로 우정의 밑거름이 되지 못한다.

제이슨은 뭐가 문제일까? 바로 친구들이 나누는 대화를 망쳤다는 사실이다! 친구들과 함께하길 원한다면, 적절하게 장단을 맞추어야 한다.

도레미~
도레미~
도레미~
랄랄라!

대화의 전반적인 분위기를 파악하고 그 흐름에 따라야 하는 것이다. 한마디로 눈치코치가 없었다고나 할까?

대화 = 합창

대화는 합창과 같다. 대화에 참여하는 모든 사람이 조화를 이루어야 한다는 의미이다. 누군가 대화의 분위기와 맞지 않는 말을 하는 건 합창에서 혼자 틀린 음을 내는 것과 마찬가지다. 그러면 대화를 망치게 되는 것이다!

제이슨의 경우, 친구들의 대화가 《해리 포터》 시리즈에 대한 열광과 흥분으로 가득했다. 이 대화에 적극적으로 참여하려면 제이슨 역시 비슷한 느낌으로 이야기를 해야 한다.

그렇다고 거짓말을 하라는 게 아니다. 그저 분위기만 맞추면 된다. 예를 들어 《해리 포터》 시리즈의 어떤 점이 그렇게 매력적인지, 혹은 감명 깊었던 대목이 어디인지 물어보는 걸로 충분하다. 굳이 여기서 책을 비난하거나 비꼴 필요는 없다.

대화에 장단을 맞추라는 건, 친구들과 좋은 관계를 유지하기 위해 무조건 동조하라는 뜻이 아니다. 친구 사이에도 때로는 의견이 일치하지 않을 수 있다. 그건 조금도 문제가 되지 않는다. 그렇지만 대화의 흐름을 끊지 않을 정도의 의견을 제시하는 것이 상대방을 존중하는 태도인 것만은 분명하다.

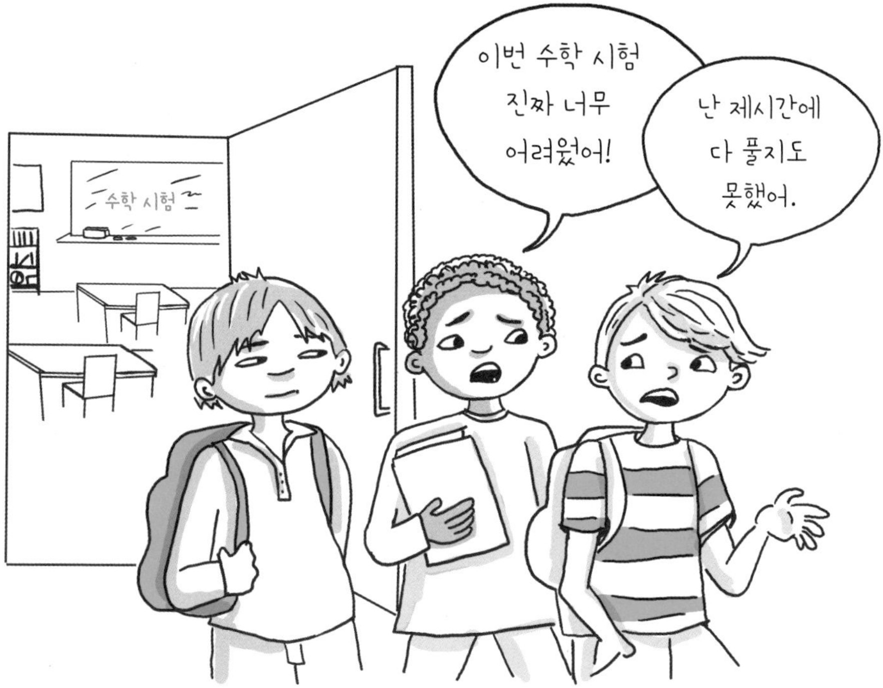

수학 시험
이번 수학 시험 진짜 너무 어려웠어!
난 제시간에 다 풀지도 못했어.

• 1번 대화

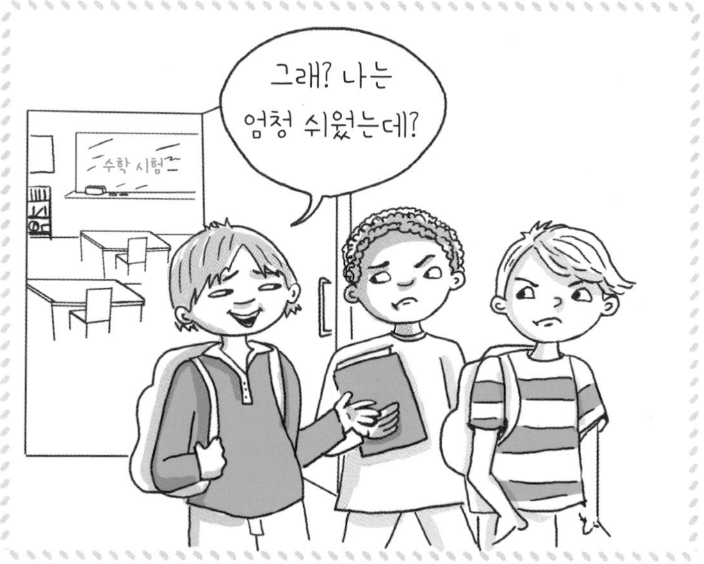

수학 시험
그래? 나는 엄청 쉬웠는데?

• 2번 대화

맞아, 문제가 배배 꼬였더라.
수학 시험

앞의 대화에서 마지막 말을 어떻게 해야 장단을 잘 맞춘 거라고 할 수 있을까?

2번 대화라고? 정답! 그런데 내 생각에 시험이 진짜 쉬웠다면 어떻게 해야 할까? 장단을 맞춘답시고 돌 씹은 표정으로 가만히 있으면 될까? 2번 대화를 잘 살펴보자. 시험이 어려웠다는 등의 거짓말을 하지 않고도 친구들과 무리 없이 대화를 이어 가고 있다. 두 친구의 의견과 맞아떨어지는 방향의 자기 생각을 솔직하게 표현하면서.

반면에 1번 대화는 친구들을 깔아뭉갠다고 해도 과언이 아니다. 자신이 친구들보다 훨씬 낫다는 걸 슬쩍 내비치고 있기 때문이다. 친구들과 잘 어우러지고 싶다면 반드시 피해야 할 행동이다.

동생한테 주려고 내가 직접 지갑을 만들었어. 이거, 어젯밤에 다 완성한 거야.
와, 끝 부분을 분홍색으로 마무리하니까 참 예쁘다! 나도 손으로 만드는 거 진짜 좋아하는데!

이번에도 뒷장의 2번 대화가 정답일까? 맞다! 그렇지만 나는 분홍색이 정말, 정말, 정말, 촌스러워 보여서 싫다면? 친구가 분홍색에 대해 나와 다른 생각을 갖고 있다는 걸 뻔히 알면서 굳이 대놓고 반박할 필요는 없다. 그거야말로 얼빠진 짓이니까.

다른 사람의 취향을 얼빠져 보인다고 하는 건 그 사람을 비난하는 것과 같다. 대화를 할 때 이런 부분에 주의를 기울여 보도록 하자.

• 1번 대화

촌스럽게
분홍색이 뭐니? 얼빠진
애들이나 좋아하는
색이잖아?

• 2번 대화

그래?
고마워.
지갑에
들어간 무늬가 정말
독특하다!

03 힘 보태기

칼의 고민 : 난 항상 최고여야 해요.

칼! 가방에 야구팀
입단 신청서가 있네.
내일 당장 제출하자! 다음 주에
바로 시작한다는데?
아뇨, 됐어요.
관심 없어요.

갑자기 왜 그래?
너, 야구 좋아하잖아!
작년에는 엄청 즐거워
했던 것 같은데?
올해부터 선배들이랑 같이
해야 된단 말이에요. 팀에서 제가
제일 못할 게 뻔해요!
그래서 신청 안 할 거예요.

칼은 야구를 좋아한다. 하지만 자신이 가장 잘하는 축에 든다는 확신이 들 때만 야구팀에 들어가려고 한다. 물론 누구나 본의 아니게 실수를 해서 동료들에게 놀림감이 될까 봐 두려울 수는 있다.

하지만 칼은 단체 활동의 본질을 놓치고 있다! '팀'이란 어떤 목표를 향해 힘을 합쳐 나아가려고 모인 사람들을 가리킨다. 힘을 합친다는 건, 팀에 속한 모든 사람이 서로 협력한다는 의미이다.

제일 좋아하는 단체 경기를 머릿속에 떠올려 보자. 야구든 축구든 e-스포츠든 상관이 없다. 좋아하는 팀의 모든 선수가 언제나 완벽한 활약을 펼치는가? 아니다. 최고의 선수도 경기력이 좋지 않은 날이 있기 마련이다. 천하의 메시도 페널티 킥을 실축하고, LOL의 황제 페이커도 결승에서 패할 때가 있다. 아무리 최고의 선수일지라도 자신의 기량을 최대한 발휘하기 위해서는 다른 선수들의 도움이 꼭 필요하다. 그게 바로 팀 경기의 특징이자 매력이다.

그런데 칼은 자신이 팀을 위해 무엇을 할 수 있는지가 아니라, 다른 팀원과 비교하는 데만 초점을 맞추고 있다. "내가 최고가 아니라면 안 할래."라고 하는 태도에서 이런 점이 잘 드러난다. 단체로 움직이는 운동 경기에서는 "내 실력을 갈고닦아 우리 팀이 이길 수 있도록 도움을 줄 거야."라고 생각하는 게 옳다. 내가 더 뛰어난가보다 우리 팀을 위해

우리 동아리는 정말 멋진 팀이에요. 어려운 사람들을 돕는다는 목표로 똘똘 뭉쳤거든요.
쓰지 않는 장난감을 기부해 보세요!

할 수 있는 게 무엇인지 고민할 때 협동심이 발휘된다. 여기서 뛰어난 실력은 여러 요소 중 하나에 불과하다.

최고의 선수는 아닐지라도, 경기가 잘 안 풀릴 때 용기를 북돋워 주거나 최선을 다하는 모습을 보여 주며 팀원들을 목표로 이끌 수도 있다. 또 승패를 떠나 팀에 쾌활하고 흥겨운 기운을 나눠 주는 응원 단장 역할을 맡을 수도 있다. 팀 활동에서 제일 매력적인 부분은, 무엇보다도 함께 즐거운 시간을 보내는 것이다!

'팀'이라고 부를 수 있는 관계는 운동 경기 말고도 다양하게 찾아볼 수 있다. 가족도 팀이 될 수 있다. 물론 친구들도 서로 돕고 협력해야 하는 상황에서는 하나의 팀이 되곤 한다.

우리 밴드도 팀이에요.
다 함께 협력해서 하나의
음악을 만들어 내니까요.

다 같이 생각해 보기!

아래는 다양한 종류의 팀에서 할 수 있는 행동들이다. 팀을 더욱 단단하게 만드는 행동은 어느 것일까?

1. 로봇 과학 동아리에서 모린이 새로운 회로에 대해 제안을 하자 나타샤가 이렇게 외쳤다. "얼토당토않은 생각이잖아! 그게 가능할 것 같아?"

2. 바둑 동아리 활동이 끝난 후, 제이콥은 다른 사람이 바둑을 두던 자리까지 말끔하게 치우면서 뒷정리를 했다.

3. 축구 경기 도중 트리시아가 골 넣을 기회를 놓치자, 모건이 소리를 지르며 불같이 화를 냈다.

4. 가족들이 가로세로 낱말 맞추기 퍼즐을 하는데, 동생이 틀리자 산드라가 다정하게 등을 토닥였다. "그럴 수도 있지! 오, 점점 더 나아지는데?"

5. 엠마는 모둠별 과제에서 자신이 맡은 부분을 해내기 위해 최선을 다했다.

6. 제임스는 야구 동아리에서 훈련을 하는 도중, 농담을 던져 모두 한바탕 웃음을 터뜨리게 했다.

정답 : 2, 4, 5.
6번은 어떨까? 도움이 될 수도, 아닐 수도 있다. 다 같이 웃음을 터뜨리는 건 즐거운 일이지만, 지나친 농담은 훈련에 방해가 될 수도 있기 때문이다.

목소리를 높인다고? 내 탐스러운 수염을 보고 환호하는 팬들 앞에서 목소리를 높여야 한다는 얘기인가? 아니면, 혹시 팬클럽을 모집하는 방법을 가르쳐 주는 게 아닐까?
그런 내용이 나온다면 너무 놀라서 목소리 높여 짖어 댈지도 모르겠네.

제4장

아니, 나는 그러고 싶지 않아!

: 목소리 높이기

서로의 생각과 기분을 털어놓을 수 있어야 좋은 친구 사이라고 할 수 있다. 하지만 자신의 감정을 친구에게 전하는 게 늘 쉽지만은 않다. 친구가 싫어할까 봐 차마 입을 열지 못하면, 친구는 내가 원하는 게 무엇인지 전혀 알 길이 없을 것이다.

가끔은 자신의 생각과 기분을 과격하게 표현할 때도 있다. 소리를 지르거나 욕을 하거나 울음을 터뜨리는 등……. 이런 행동이 솔직한 표현일 수도 있지만, 결과적으로는 친구를 밀어내게 만들지도 모른다.

이번에 살펴볼 내용은 자신의 생각을 분명히 전달하는 데 도움이 되는 목소리 높이기이다. 목소리 높이기는 '무엇을', '어떻게' 말하는지와 밀접하게 연관되어 있다.

01 스스로에게 솔직하기

크리스의 고민 : 내 생각을 겉으로 드러내기가 힘들어요.

오늘 점심 시간은 진짜 꽝이었어요! 조쉬가 축구하기 싫다고 해서 저도 결국 못 했거든요. 저도 결국 못 했거든요. 시시하게 발야구만 했다니까요?

조쉬한테
축구하고 싶다고
얘기해 봤어?
그게……, 아니요.
조쉬가 화낼까 봐
아무 말도 안 했어요.

크리스는 자신이 조쉬의 의견에 반대하지 않기 때문에 사이좋게 지낸다고 생각하고 있다. 물론 친구인 조쉬의 기분을 배려한 건 칭찬받을 만한 일이다. 그렇지만 크리스가 조쉬에게 배려할 기회를 주지 않은 건 잘하지 '못한' 일이다.

크리스는 지금 조쉬가 알면 엄청 억울해할 만한 행동을 하고 있다. 조쉬 때문에 축구를 하지 못했다고 화를 내고 있지만

호오, 지금
저녁 먹을 생각
하고 있지?
엇, 맞아!
어떻게
알았어?

정작 당사자에게는 축구하자는 얘기를 꺼내지도 않았으니까. 그래서 조쉬는 크리스가 뭘 하고 싶어 하는지 전혀 모르고 있었던 셈이다! 자신의 생각을 읽지 못했다고 다른 사람에게 화를 내는 건 잘못된 행동이다.

친구와 의견이 다른 상황을 잘 해결하기 위해서는 타협이 필요하다. 한 번은 내가 하고 싶은 걸 하고, 또 한 번은 친구가 하고 싶어 하는 걸 하는 식으로 말이다. 크리스가 조쉬와 타협하는 데는 여러 가지 방법이 있다.

나는 오늘 축구하기 싫어. 감기 기운이 있어서 뛰는 게 힘들어.
그치만 나는 지금 축구가 하고 싶은데…….

그럼 도서관에 갈래? 우리 둘 다 책 읽는 거 좋아하잖아!

그럼 오늘은 축구하고, 내일은 책을 읽을까?

어떤 식으로 결론이 나든 간에, 혼자서 양보한 후 속으로 조쉬에게 화를 내는 것보단 훨씬 낫다. 크리스는 조쉬가 화를 낼까 봐 자신의 생각을 말하지 않았다지만, 속마음이 그렇다는 걸 알게 되면 조쉬 역시 화가 날 수도 있다.

적절한 말투 사용하기

목소리를 높이기 위한 첫걸음은 자신의 생각과 기분을 표현할 수 있는 적절한 말투—너무 부드럽지도 않고 너무 강하지도 않은—를 찾아내는 것이다.

그러기 위해서는 '나 중심 문장'을 구사하는 것이 좋다. 나 중심 문장이란 '나'라는 단어로 문장을 시작하는 방법이다. 내 생각과 기분, 또는 내가 원하는 걸 (상대방을 비난하지 않으면서) 표현하기에 좋다.

서로를 존중하면서 대화를 나눌 수 있기 때문에, 문제가 생기지 않도록 하거나 해결을 하는 데 크게 도움이 된다. '나'로 말문을 떼면 상대방의 생각이 다를 수 있다는 사실을 염두에 두면서 내 의견을 전달할 수 있다.

• 1번 대화

너, 바보야?
꽃은 당연히 밑에
붙여야지!

• 2번 대화

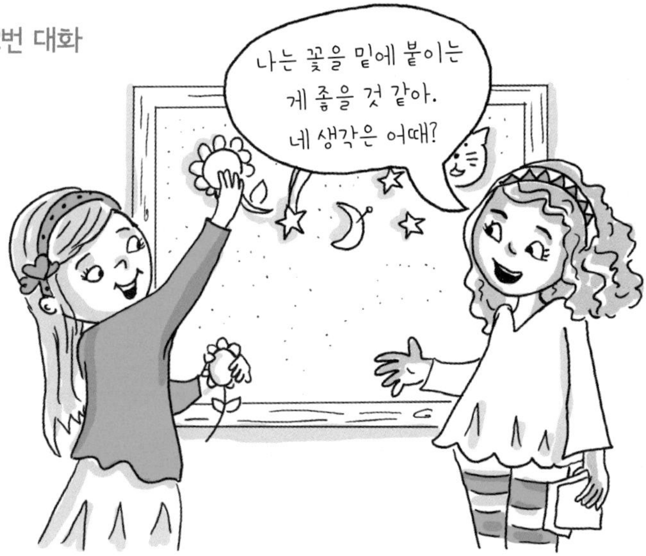
나는 꽃을 밑에 붙이는
게 좋을 것 같아.
네 생각은 어때?

• 3번 대화

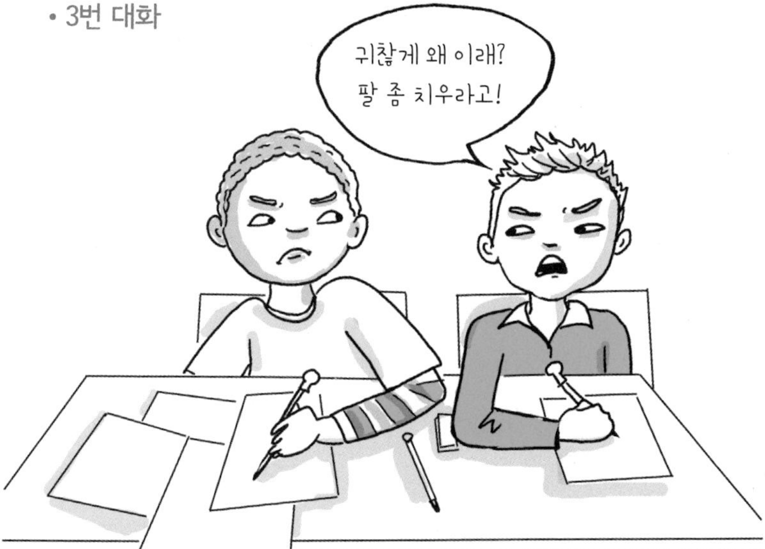
귀찮게 왜 이래?
팔 좀 치우라고!

• 4번 대화

내가 좀 갑갑해서
그러는데, 조금만
옆으로 가 줄래?

나로 시작하는 말을 꺼낸 후에는 예의 있게 "발을 조금만 옮겨 줄래?"와 같이 부탁하는 어조로 말하는 것이 좋다. 또는 "우리 둘 다 의자를 조금씩만 옆으로 옮길까?"와 같이 문제를 함께 해결할 수 있는 타협점을 제시할 수도 있다.

너무 부드럽게 이야기해서 내 의견을 상대방이 못 알아들을 경우엔 타협점을 제시하면 큰 도움이 된다.

그렇다면 다음과 같은 상황에선 어떻게 말하는 게 좋을까?

한나는 버스 정류장 앞에서 미용실에 막 다녀온 친구와 마주쳤다. 한나는 자신의 생각을 부드럽게 표현하고 있는 걸까, 아니면 강하게 표현하고 있는 걸까?

버스 정류장
한나,
내 머리 어때?
괜찮아 보여?

버스 정류장
진짜 별로야! 강아지 털처럼
보이잖아. 왜 이렇게 생각 없이
잘랐니?

'너무' 강하게 표현하고 있다. 자신의 말이 친구에게 어떠한 영향을 줄지 헤아려 보지 않은 채 머릿속에 떠오르는 대로 마구 뱉고 있는 것이다.

즉, 여과를 하지 않고 말을 하면 다른 사람의 마음에 쉽게 상처를 내게 된다. 여과란 어떤 것은 통과시키고 어떤 것은 통과하지 못하게 막는 거름 장치이다. 더러운 물을 정화할 때 여과 장치나 거름막이 필요하듯, 대화를 할 때도 상냥한 말을 할 수 있도록 여과를 하는 게 현명하다.

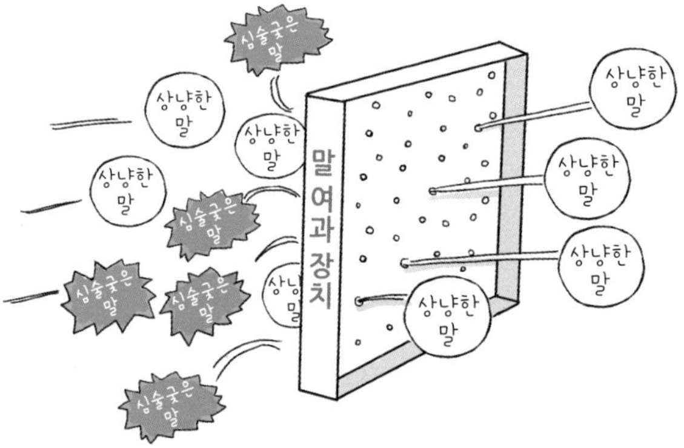

그런데 아무리 봐도 머리 모양이 별로라는 생각이 든다면? 예쁘다고 거짓말을 하는 편이 나을까? 아니다. 친한 사이라면 서로에게 진실할 필요도 있다. 친구가 궁금해하지 않는다면 이야기할 필요가 없겠지만, 물어본 이상 자신의 의견을 친근하게 전달할 방법을 찾아야 한다.

앞머리가 꽤 잘 어울린다! 난 지난번 머리도 예쁘다고 생각했는데……. 뭐, 가끔씩 머리 모양을 바꾸는 것도 좋지.
버스 정류장

이번엔 야구 선수 카드를 수집하는 마틴의 예를 살펴보자.

우아! 너, 야구 선수 카드 진짜 많이 모았다! 구경 좀 해도 되지?

헉! 박스를 아예
쏟아 버리잖아?
몇 시간이나 걸려서
정리해 놓은 건데!
아이참, 어떡하지?

마틴은 자신이 소중하게 모은 카드가 뒤섞여 버린 게 자못 못마땅하다. 이런 사실을 친구에게 솔직하게 이야기하지 않으면, 어느 순간 두 사람의 우정은 끝나 버릴 수도 있다. 그러니 자신의 카드를 어떻게 다뤄 줬으면 좋겠다고 친구에게 명확하게 설명하든지, 다시는 친구를 집으로 초대하지 않든지 둘 중 하나를 선택해야 한다.

그렇다고 소리를 지르며 "멍청아, 네가 다 망쳐 버렸어!"라고 화를 내는 건 옳지 않다. 친구의 행동이 예의에 어긋났을 뿐, 나쁜 마음을 품고 있는 건 아니니까.

친구는 카드를 섞어서 보관하는 습관이 있을지도 모르고, 단지 너무 신이 나서 마틴이 카드를 정렬해 놓았다는 사실을 알아차리지 못했을 수도 있다. 그러니 만약 마틴이 소리를 지르며 화를 낸다면, 이유 없이 화를 낸다고 여겨 친구 사이가 서먹해질 수도 있다.

아, 미안.
당연하지!
나는 카드를 순서대로 정리해 놓는 게 좋더라고. 다 보고 나서 색깔별로 정리하는 거 좀 도와줄래?

02 '아니'라고 말하기

말라의 고민 : 내키지 않을 때도 양보를 해요.

말라! 그거 내가 제일 좋아하는 초코 칩 쿠키인데! 웨이퍼랑 바꿔 먹지 않을래?
난 내 과자가 훨씬 좋은데. 웨이퍼는 잘 안 먹는단 말이야!
초코 칩 쿠키
바닐라 웨이퍼

어, 음…….
그러지,
뭐.
와, 이거 진짜
맛있잖아!
고마워!
당연히
고마워해야지!
나도 먹고 싶었던
건데!
초코 칩
쿠키

말라는 왜 초코 칩 쿠키를 친구에게 주었을까? 아마도 욕심 많은 아이로 보이고 싶지 않았을 것이다. 아니면 친구가 자신에게 삐칠까 봐 그랬을 수도 있다. 그래 놓고선 혼자서 화가 나 버렸다. 주고 싶은 마음이

사람들이 짖을 수
없다는 게 비극이지.
나는 내 간식을
지키고 싶을 땐 마구
짖는데…….
그러고 보니
우리 목소리가
더 유용한 거
같은데?
나는 누가 내 간식을
건드리려고 하면
카악 소리를 지르지.

없으면서도 친구에게 건네는 건 자신을 존중하지 않는 선택이다!

친구와 무엇인가를 나눈다는 건 아주 친근한 행동이다. 그렇다고 무조건 내 쿠키를 나눠 줘야 하는 건 아니다. 친한 친구여서 나눠 주고 싶은 마음이 있다면 쿠키 하나 정도는 주겠다고 할 수도 있을 것이다. 하지만 그렇게 해야 할 '의무'는 없다. 자신이 먹으려고 준비해 온 쿠키니까.

그럼 이 상황에서 말라는 친구에게 뭐라고 말하면 좋을까?

우리, 그냥
자기 거 먹을까?
나도 이 쿠키 정말
좋아하거든.
초코 칩
쿠키
바닐라
웨이퍼

이런 말을 꺼내는 건 생각보다 힘겨운 일일 수 있다. 하지만 친구와 계속해서 좋은 사이를 유지하고 싶다면 반드시 말을 해야 한다. 만약 말을 하지 않은 채 시간이 지나게 되면, 친구는 말라가 왜 기분이 나쁜지 영문을 몰라 어리둥절해할 것이다.

그렇다면 말라의 친구가 예의가 없었던 걸까? 그렇지는 않다. 친구에게 뭔가를 청하는 게 나쁜 일은 아니다. 단지 요청을 받아 주고 안 받아 주고는 오롯이 말라의 몫이라는 거다. 대신에 말라가 거절할 경우엔 친구도 기꺼이 받아들일 수 있어야 한다.

'아니'라고 말하는 건 친구에게 목소리를 높이는 과정에서 가장 어려운 일이다. 다른 사람이 이해할 때까지 여러 번 거절을 해야 할 때도 있다. 그럴 땐 어떤 방법으로 거절을 하는 게 가장 수월할까?

'아니'라고 말하는 방법

"아니, 나는 괜찮아."

"마음이 불편해서 그러고 싶지 않은데."

"그건 좀 별로야."

"구미가 안 당겨. 그거 말고 다른 거 하자."

"좋은 생각이 아닌 것 같아."

"나는 진짜 하고 싶지 않아."

"내키지가 않아."

수학 과제를 깜빡해서 그런데, 네 과제 좀 베껴도 될까?
수학

앞에 나온 문장으로 '아니'라고 말하는 연습을 해 보자.

소리를 지르거나 화를 내야만 내 생각을 분명히 전달할 수 있는 건 아니다. 거절은 침착하고 자신감 있게 '아니'라고 말하는 것만으로도 충분하다.

반드시 거절을 해야 하는 상황이다! 친구에게 과제를 보여 주면 선생님한테 꾸중을 들을지도 모른다. '아니'라고 말하는 방법 중에서 어떤 말이 이 상황에 가장 잘 어울릴까? 거절의 말을 만들어 보자.

부탁이야! 아무한테도 말 안 할게!

맙소사, 거절을 했는데도 계속 조른다. 다시 한 번 거절을 해야 한다! 어떻게 거절하면 좋을까?

야, 친구는 서로 돕는 거잖아. 네가 정말 친구라면 한 번만 보여 줘!

고집을 쉽게 꺾지 않는군! 하지만 문제없다. 여러분은 이미 아니라고 말하는 갖가지 방법을 알고 있으니까. 다른 식으로 한 번 더 거절해 보자.

자, 이번에는 다음 상황을 살펴보자. 이 친구는 카라에게 못되게 구는데 함께하자고 요구하고 있다. 당연히 옳은 일이 아니다. 어떻게 거절하는 게 좋을까?

방금 카라랑 대판 싸웠어. 걔, 진짜 못쓰겠더라. 이제 다시는 말도 안 할 거야. 너도 걔하고 말 안 하겠다고 약속해 줘!

네가 진짜 내 친구라면 내 편을 들어줘야지. 카라랑 말하지 말라고!

이제 다그치기 시작했다. 그렇지만 자신이 옳다고 생각하는 건 지켜야만 한다. 다시 한 번 아니라고 말해 보자.

너도 카라랑 똑같아! 왜 카라를 편드는 건데? 나랑 더 친하면 내 편을 들어야 하는 거 아니야?

이번에는 어떤 말로 거절을 하면 좋을까? 자신의 입장을 지키면서, 큰 소리를 내지 않은 채 '아니'라고 거절해 보자.

정말이지 까다로운 상황이라고 할 수 있다. 친구가 기분이 한껏 상해서 화를 내고 있으니까. 그렇다고 내가 카라에게 못되게 구는 데 동의하는 건 옳지 않다. 친구의 마음을 이해하는 선에서 그쳐야 한다.

누구에게나 아니라고 말하는 건 쉬운 일이 아니다. 게다가 여러 차례 반복해서 거절하기는 더욱 어렵다. 하지만 연습을 하다 보면 조금씩 수월해진다.

만약 선뜻 판단하기가 어려울 때는 시간을 두고 찬찬히 생각해 보도록 하자. "조금 생각해 본 뒤에 얘기해 줄게."라고 말하면 된다.

결정을 내리고 난 뒤에는 친구에게 꼭 말해 주어야 한다. 답변을 하지 않으면 친구는 자기만의 상상 속에서 불필요한 오해를 쌓을 수도 있으니까.

03 괴롭힘에 대응하기

파울의 고민 : 친구의 장난에 과민 반응을 하게 돼요.

미술 시간에 선생님이 자기가 만든 점토 조각상 밑에 머리글자를 새겨 넣으라잖아. 진짜 조각가들이나 하는 건데 말이야.
나는 C. W.라고 새기면 되는데, 야, 넌 F. F. 아니야?

풉, 넌 A 받긴
글러 먹었다.
바로 F야, F.
야, 그딴
소리 하지 말라고.
진지하게 말하고
있는데, 넌 꼭
그런 식이더라.
쳇, 절교야.

파울은 지금 친구가 한 말에 비해 과잉 반응을 보이고 있다. 농담 한 마디에 친구를 비난하는 것을 넘어 친구 관계를 끝내겠다고 엄포를 놓고 있으니……. 친구가 파울의 머리글자로 짓궂게 놀리긴 했지만, 이걸

자기 이름에
머리글자가 있으면
멋지겠는걸. 그저
멍멍이라고만 부르는
건 개성 없어 보인단
말이지.
고양이들은 무조건
~옹이나 ~냥으로 말을
끝내는 줄 안다니까?
전혀 그렇지 않은데
말이다냥.

딱히 괴롭히는 것으로 보기는 어렵다.

누군가 나를 놀릴 땐 어떤 의미인지부터 파악해 봐야 한다. 놀림은 크게 세 가지로 나눠 볼 수 있다.

1. 친한 사이의 놀림
2. 안 친한 아이의 놀림
3. 따돌림

먼저 어느 경우에 해당하는지 판단하는 게 중요하다. 그에 따라 상황을 해결하는 요령도 달라지기 때문이다. 물론 단박에 구별하기 어려울 수도 있다. 각각의 사례에 대해 조금 더 자세히 알아보자.

내가 따돌림을 당하고 있다고?

누군가 나를 속상하게 만들었다고 해서 나를 따돌렸다고 규정하기는 어렵다. 친구 사이에 짓궂게 놀리는 건 우정을 드러내기 위한 방법으로도 쓰이기 때문에 따돌림과는 구별되어야 한다.

따돌림은 '특정 사람'을 겨냥해서 '일부러' 못되게 구는 걸 말한다. '오랜 시간에 걸쳐 수차례 되풀이해서' 벌어지는 경우가 많다. 무엇보다 상대방에게 상처를 주고 일부러 속상하게 만들려는 '의도'가 바닥에 깔려 있다.

따돌림인지 아닌지 구별할 수 있는 또 하나의 요소는 바로 '힘의 차이'이다. 힘의 차이란 괴롭히는 아이가 괴롭힘을 당하는 아이보다 어떤 식으로든 더 센 상황을 가리킨다. 즉, 괴롭히는 아이 쪽이 덩치가 크거나, 나이가 많거나, 싸움을 잘하거나, 인기가 있거나, 머릿수가 여럿이거나 등등. 이런 힘의 차이 때문에 괴롭힘을 당하는 아이들은 자신을 보호하는 일이 어려울 수밖에 없다.

이건 따돌림이다.

이것도 따돌림이다.

따돌림이 아니다. 두 사람 사이에 힘의 차이가 없기 때문이다.

따돌림은 다른 사람을 때리는 신체적 폭력으로 드러나기도 하고, 모욕하거나 유언비어를 퍼뜨리는 등 비열한 말을 통해 벌어지기도 한다. 심지어 온라인에서도 따돌림이 일어난다. 따돌림은 다양한 형태로 일어나는데, 약한 사람에게 의도적으로 고통을 준다는 데 공통점이 있다.

여기서 아이들끼리 서로 비슷한 힘을 갖고 있다면 따돌림이 아니다. 그저 서로간의 잘못이나 오해, 갈등 등으로 일시적으로 벌어진 일일 확률이 높다. 그런 경우는 너끈히 스스로 해결할 수 있다.

단순한 장난에 대처하는 방법

친구 사이에는 가끔씩 위기의 순간이 찾아오기 마련이다. 누군가 무심결에 상대방의 감정이 다칠 수 있는 말이나 행동을 할 때 위기가 닥치곤 한다. 계속 좋은 관계를 유지해 왔다면 이런 상황이 벌어졌다고

다 같이 생각해 보기!

아래 사례들 가운데 따돌림에 해당하는 걸 찾아보자.

1. 오늘은 조던이 스쿨 버스에서 샘이 아니라 비제이와 함께 앉았다.

2. 마라는 카일리에게 '촌스런' 사나와 놀지 말라고 강요했다.

3. 축구 경기 중에 파커는 맥스에게 밟아 버릴 거라고 으름장을 놓았다.

4. 스튜어트는 일부러 케이샤의 발을 걸어 식판을 떨어뜨리게 만들었다.

5. 레이첼은 킴의 가방에 아무도 모르게 '널 좋아하는 사람은 아무도 없어.' 라고 적은 쪽지를 붙였다.

6. 노리타는 자기 집에 제니퍼만 초대하고 미셸은 부르지 않았다.

7. 니할은 브라이언과 게임을 하다가 세 번 연속으로 이겼다.

8. 케빈은 온라인 게임을 할 때마다 다른 아이들을 부추겨서 비니만 집중적으로 공격하도록 만들었다.

정답 : 2, 3, 4, 5, 8.

1, 6, 7번을 겪은 친구는 속이 상할 순 있겠지만 따돌림은 아니다. 왜냐하면 일부러 기분 나쁘게 하기 위해서 한 일이 아니기 때문이다.

곧장 절교를 선언하는 건 어리석은 태도라고 할 수 있다. 대신에 기분이 상한 순간을 참고 잊어버리거나, 친구에게 자신의 기분을 솔직하게 이야기하는 게 좋다.

이름의 머리글자 F로 위기를 경험한 파울과 친구는 친한 사이이다. 그리고 둘 중 한 사람의 힘이 더 세 보이지도 않는다. 파울이 화가 나긴 했지만, 따돌림을 당한 건 아니다. 두 사람의 상황은 그냥 우정의 위기에 불과한 것이다. 그럼 화가 난 파울은 절교를 선언하는 대신 어떻게 대처하는 게 현명했을까?

둘은 친한 친구니까 파울이 장난을 그만둬 달라고 부탁하면 분명히 들어주었을 것이다. 이때 진지하게 하는 말이라는 사실을 친구에게 이

• **차분하게 대꾸하기**

하하하!
그래, 퍽이나 재밌다. 아주 신나셨어.

• 장단 맞추기

하하하!
F는 '잘했어(Fine)'라는 뜻이 될 수도 있다고!

• 부탁하기

하하하!
장난으로 하는 말인 줄은 아는데, 내 이름 갖고 놀리니까 기분이 별로야. 앞으론 안 그랬음 좋겠어.

해시키려면 파울은 더 상세하게 설명을 해야 할 수도 있다. “그냥 하는 말이 아니야. 내 입장에서는 조금도 웃기지 않으니까, 이제 그만해 줘.”와 같이 설명하는 것이다.

친하지 않은 아이가 놀릴 때

친구의 장난과 따돌림 사이에 한 가지가 더 있다. 별로 친하지 않은 아이가 놀리는 경우다. 여기서 친하지 않은 아이란 나와 잘 알지 못하며, 서로 좋아할 이유가 없는 사람을 가리킨다. 이런 경우에 꽤 험한 상황으로 번질 수도 있지만, 힘의 차이가 있지는 않기에 따돌림으로 보기는 어렵다.

친하지 않은 사이인데 나를 놀린다면? 일단 그 친구에 대해 먼저 파악해 보아야 한다. 친한 사이가 아니다 보니 내 기분이 어떻든 그다지 관심이 없을 것이다. 나 역시 그 친구의 기분에 딱히 신경 쓸 이유가 없다. 따라서 굳이 말다툼을 벌이거나 따지지 않아도 된다. 그 아이가 뭐라고 생각하든 나한텐 전혀 중요하지 않으니까.

이럴 땐 그 아이가 놀리든 말든 대응하지 말자. 화를 낼 것도, 상처를 받을 것도 없다. 그저 나를 아끼고 염려해 주는 친구들과 수다를 떨며 기분을 푸는 걸로 충분하다. 친하지도 않은 아이에게 “정말 기분 나빠.”라고 쏘아붙여 봤자, “잘됐네! 그러라고 일부러 한 말인걸?”과 같은 기분 나쁜 대꾸가 돌아올 게 뻔하니까.

친하지도 않으면서 놀리는 건, 분노 스위치를 눌러 장난을 치려는 것과 비슷하다. 스위치를 누르면 재밌는 소리가 나는 장난감처럼……. 나에게 눈곱만큼도 소중하지 않은 아이를 위해 그런 장난감이 되어 줄 필요는 전혀 없다!

놀릴 때마다 반응을 보이면—울거나, 소리치거나, 따지거나, 분노하거나 한다면—그 아이는 기다렸다는 듯 아주 즐거워할 것이다. 그리고 만만한 표적이라고 여겨서 더욱더 심하게 놀려 댈 수도 있다. 따라서 어떤 놀림에도 끄떡없다는 것을 보여 주어야 한다.—실제로는 심각하

완전 재밌다!
또, 또, 또 눌러야지!

게 영향을 받았더라도…….

누군가 심술궂은 말을 하는 걸 미리 막을 방법은 없다. 즉각 멈추게 만들 수 있는 말이나 행동도 많지 않다. 그래도 예민하게 반응하지 않는다면 계속 놀릴 확률은 훨씬 더 줄어든다.

• 엄청 지루해하기

심술궂은 아이들은 '말이 안 되는 말'로 놀리곤 한다. 글자 그대로 아무런 의미가 없는 말로 공격하는 것이다. 텔레비전이나 인터넷 유행어를 그대로 옮기는 경우가 흔하다.

친하지 않는 아이가 놀릴 때 취할 수 있는 행동 중에서 지루해서 못 견디겠다는 듯한 시늉을 하는 방법이 있다. 너무너무 지루하다는 말투로 이렇게 얘기해 보자.

뭐 어쩌라고?
어디쯤에서 웃는 거야?
그래서, 뭐?
재미있는 얘기는 도대체 언제 나오는 건데?

의미 없는 말로 공격을 받고 마음이 흔들릴 필요는 없다. 이럴 땐 지루하다는 표현을 하는 걸로 상황을 쉽게 종료시킬 수 있다. 지루하다는 반응을 보인 후에는 재빨리 그 자리를 떠나도록 하자. 나에게 심술궂게 대하는 아이들과 함께 있을 이유는 전혀 없으니까. 그렇다고 뛸 것까진 없다. 그런 행동이 괜히 상대방을 자극할 수도 있다.

• 유머로 받아치기

놀림에 대처할 때 유머 감각을 발휘하는 것도 현명하다. 예를 들어 누가 놀렸을 때 칭찬이라도 받은 듯이 대답해 보면 어떨까? "알아봐 줘서 고마워! 너, 관찰력 짱 좋다! 혹시 명탐정 아니심?" 그러고 나서 그 자리를 재깍 뜨는 것이다. 적당한 말이 떠오르지 않는다면, 너무 터무니없고 유치해서 상대하지 못하겠다는 듯 고개를 절레절레 흔든 후 그곳을 벗어나는 것도 괜찮다. (주의 : 어른에게는 절대로 이렇게 행동하면 안 된다!)

• 다른 사람들과 함께하기

친하지 않는 아이가 놀릴 때는 조금 우회적으로 대처하는 방법도 있다. 어른들 근처에 있거나 친한 친구들과 함께 행동하는 것이다. 제아무리 놀리려 해도 상대방을 도와줄 사람들이 곁에 있다면 누구든 망설이기 마련이니까.

• 형편없이 굴고 있다는 사실을 짚어 주기

내가 자주 어울리는 친구들 가운데 걸핏하면 놀리는 아이가 있다면? 그런 일이 벌어지는 순간, 그 아이에게 얼마나 형편없이 굴고 있는지 콕 집어서 말해 주도록 하자. 그럴 때는 강하고 분명하게 이야기하는 것이 좋다. 소리를 지르라는 게 아니라, 주변 사람이 들을 수 있도록 똑똑하고 분명하게 말하라는 뜻이다.

감정이 전혀 섞이지 않은, 차분한 말투일수록 더 좋다. 음, 말처럼 쉬운 게 아니라고? 그러면 수업 시간에 발표할 때의 말투를 떠올려 보자. 그러고 나서 "그건 좀 지나친 말인 것 같은데? 듣는 사람이 기분

야, 네가 그린 그림은 꼭 초등학생들이 그리다 만 것 같아!
그건 좀 심한 말 아니야? 너무하잖아.

나쁘지 않겠니?"라고 똑 부러지게 말한 다음 그 자리를 뜨도록 하자. 사람들은 보통 자신을 착하고 친절하다고 생각하는 경향이 있다. 그렇기 때문에 지금 형편없게 굴고 있다는 사실을 콕 집어 말해 주면, 자신의 행동을 곰곰이 되짚어 보게 된다. 또 뒤늦게 상황을 파악한 선생님이나 친구들의 도움을 받을 수도 있다.

집단 따돌림에 대처하는 방법

그런데 만약 따돌림을 당하고 있다면 어떻게 해야 할까? 덩치가 크거나, 인기가 많거나, 혹은 여러 명이 함께 어울려 괴롭힌다면 반드시 다른 사람의 도움을 구해야 한다.

세게 한 방 먹이면 더 이상 괴롭히지 않을거라고? 안타깝게도 이런 방법이 통하는 경우는 거의 없다. 더구나 내가 때렸을 때 상대방이 가만히 있을 리가 없다. 아마도 상대방은 더 세게 때릴 것이다!

그리고 다른 사람을 괴롭히는 아이들은 아무나 따돌리지 않는다. 자기보다 힘이 약하다고 판단되는 사람만 표적으로 삼는다!

어른들에게 어떻게 알리지?

따돌림을 당하고 있다면 반드시 어른의 도움을 받아야 한다. 어른에게 따돌림을 당하고 있다고 말하는 건 '절대로' 고자질이 아니다. 심각하고 위험할 수 있는 상황을 알리는 것이기 때문이다.

누구나 신체적·정신적으로 안전하다고 느끼며 생활할 권리가 있다. 그러므로 어른에게 이야기하는 건 자신의 권리를 지키는 일이기도 하다. (고자질에 대해서는 따로 5장에서 살펴보기로 하자.)

선생님이나 부모님에게 알릴 거라고 공개적으로 선언할 필요는 없다. 그랬다가는 상대방을 더 날뛰게 만들 수 있으니까. 일단 그 상황에서 벗어나 누구에게 이야기하면 좋을지 생각해 봐야 한다. 내 말을 뒷받침해 줄 수 있는 친구와 함께 가면 크게 도움이 된다.

부모님이나 선생님, 또는 믿을 수 있는 어른에게 상황을 털어놓도록 하자. 그런 상황에서 벗어나기 위해 어떤 노력들을 해 왔는지까지 설명

아티가 마주칠 때마다 발을 걸어서 넘어지곤 해요. 점심도 못 먹도록 식판을 떨어뜨리게 하고요. 게다가 반 아이들한테 저를 냄새나는 놈이라 부르라고 강요했어요.
아티가 켈리한테 그러는 거, 저도 여러 번 봤어요.

못 본 척도 하고, 부탁도 하고, 다른 데로 피하기도 했는데, 갈수록 더 심하게 괴롭혀요.
이렇게 이야기해 줘서 고마워. 아티가 그런 식으로 행동하는 건 정말 잘못된 거야.

하면, 혼자서 해결할 수 있는 범위를 넘어선 문제라는 사실을 금방 파악할 수 있을 것이다.

어른들에게 따돌리는 아이에 대해 알리면 문제가 더욱 심각해질까 봐 걱정이 될 수도 있다. 특히 괴롭히는 아이로부터 선생님이나 부모님에게 알리면 가만두지 않겠다고 협박을 당하는 경우도 많다.

그래도 어른에게 꼭 알려야만 한다. 어느 누구도 다른 사람에게 괴롭힘을 당해서는 안 된다. 당연히 여러분도 여기에 포함된다!

어른에게 털어놓았더니 "그 나이 때는 다 그래." 또는 "네가 너무 예민한 거 아니냐?"와 같은 쓸데없는 말만 돌아온다면 다른 어른을 찾아보도록 하자. 두렵고 힘들더라도 내 말에 귀 기울여 주는 어른을 만날 때까지 여러 사람에게 계속 털어놓아야 한다.

이지, 이건 정말 심각한 상황이야. 바이올렛이 너에 대해 나쁜 말을 SNS에 올리고 있구나. 이 화면을 저장해서 담임 선생님께 보여 드리도록 하자.
엄마, 제발 그러지 마세요! 바이올렛이 알면 화가 나서 더 못되게 굴 거라고요!

이런 건 꼭 알려야 해. 바이올렛의 행동을 멈추기 위해서야. 너한테는 아무 걱정 없이 학교에 다닐 권리가 있어. 그러니까 이런 상황은 선생님께 알려서 조치를 취하는 게 맞아.

어떤 조치가 필요할까?

학교에서 자기 자신을 스스로 지킬 수 없을 때는 부모님과 선생님을 비롯한 어른들이 나서서 보호해야 한다. 따돌림을 당하는 아이를 위해 어른들은 어떤 조치를 취할까?

1. 따돌림을 주도한 아이 또는 무리를 만나 그러한 행동이 얼마나 잘못된 것인지 알려 주고 반성할 기회를 준다.
2. 그 아이들이 피해를 입은 친구에게 직접 사과나 보상을 하도록 만든다.
3. 그 아이들의 부모님에게 문제 상황을 알리고 개선책에 관해 함께 이야기를 나눈다.
4. 그 아이들이 더 이상 다른 사람을 괴롭히지 못하도록 더욱 철저히 감시한다.
5. 따돌림을 당한 친구를 지키고, 같은 일이 두 번 다시 벌어지지 않도록 다른 친구들의 협력을 독려한다.
6. 학교나 지역 사회를 대상으로 학교 폭력 예방 교육을 실시하고 관련 프로그램을 운영한다.

비밀스럽게 조용히 퍼져 나가는 게 따돌림의 가장 큰 특징 중 하나이다. 그러므로 비밀스러운 상황을 깨트리고, 문제를 공개적으로 만들면 상황을 바꿀 수 있는 계기를 마련하기가 쉽다.

따돌림당하는 친구를 보게 되면?

내 친구가 따돌림을 당하고 있다면 어떻게 해야 할까? 대다수 아이들은 자신까지 따돌림을 당할까 봐 두려워서 목소리 높이기를 두려워한다. 반면에, 친구를 대신해서 한마디하고 싶은 마음이 들 수도 있다. 하지만 반드시 내가 안전한 경우에만 그렇게 해야 한다.

친구에게 벌어지고 있는 따돌림 문제가 심각한 수준으로 계속된다면 도움을 줄 수 있는 어른에게 상황을 알리도록 하자. 그것이 친구를 돕는 가장 좋은 방법이다! 설령 친구가 어른에게 숨기고 싶어 하더라도, 친구의 안전을 위해 어른의 도움을 요청하는 것이 올바르다.

괜찮아, 헨리.
어서 가자!

다 같이 토론해 보기!

화를 내지 않으면서 자신의 의견을 분명히 밝히는 일은 하루 이틀 만에 익숙해지는 기술이 아니다. 그렇지만 아주 중요하다!
친한 친구가 자꾸 놀리는 게 마음에 들지 않는다면, 그 친구에게 자신의 기분을 솔직하게 이야기하도록 하자. 친하지 않은 아이가 놀릴 경우에는 신경 쓰지 않는 듯이 행동하자. 나를 포함해 누군가가 따돌림을 겪고 있다면 어른을 찾아가 도움을 청하자.

1. 목소리를 높여야 하는 일이라고 생각하지만, 여태 한 번도 그렇게 하지 못했다면? 대체 무엇 때문에 말을 못 하는 것일까?

2. 친구에게 소리를 지르거나 욕을 한 적이 있는지……. 그런 식으로 하지 않고 다른 방법으로 내 의견을 전할 수는 없었을까?

3. 친구에게 아니라고 말하는 건 여간 어려운 일이 아니다. 친구에게 거절의 뜻을 전할 수 있는 손쉬운 방법은 없을까?

4. 학교에서 놀림을 받았을 때 어떤 식으로 반응을 했는가? 가장 쉽게 시도해 볼 수 있는 방법으로는 무엇이 있을까?

5. 지금 여러분 또는 친구에게 믿을 수 있는 어른을 찾아가 보호해 달라고 목소리를 높여 요청해야 할 상황이 벌어지고 있지는 않을까?

한 발 나아가라고? 고양이는 아무 이유 없이 움직이지 않아. 어슬렁대는 건 생각 없는 동물들이나 하는 짓이지. 물론 맛있는 간식이 앞에 놓여 있다면 얘기가 다르지만. 그럼, 간식 먹으러 앞으로 나오란 얘긴가?
설마 마지막 장에 그런 내용이 나오겠니?

제5장

일부러 그런 건 아니지?

: 한 발 더 나아가기

제아무리 서로를 끔찍이 아낀다 해도 친구 관계에는 위기의 순간이 있기 마련이다. 나와 친구의 의견이 다르거나, 서로의 기분을 상하게 하거나, 같이 노는 게 더 이상 즐겁지 않거나 등등, 이런 순간은 의외로 많다. 물론 우정에 위기가 찾아왔다고 해서 무조건 친구 관계가 끝나는 건 아니다.

이번에는 주변 상황이 뜻대로 되지 않을 때, 그 사실을 받아들이는 방법에 대해 알아보자. 친구 사이에 생긴 문제를 뒤로하고, 한 발 더 앞으로 나아가는 법을 배울 수 있을 것이다.

01 정정당당하게 맞서기

새미의 고민 : 패배를 인정하고 싶지 않아요.

1루에서 아웃!
새미, 너 아웃이야.
나, 아웃
아니야! 네가 방금
공을 놓쳤잖아?
난 제대로
공을 잡았어.
아웃 맞아.

아니야, 아웃 아니라고!
네가 공 놓쳤잖아. 그럼
처음부터 다시 해!
그만해, 새미!
너 때문에 진행이
안 되잖아.

체육 시간에 발야구를 하는 중이다. 새미는 자신이 출루하는데 집착한 나머지, 경기 중에 떼를 쓰면서 다른 친구가 반칙을 했다고 몰아세우고 있다. 아웃이 됐다는 사실을 받아들이지 않고 무작정 버티면 함께 경기를 하는 친구들은 짜증이 날 수밖에 없다. 이럴 땐 결과를 받아들이고 다른 아이가 공을 찰 수 있도록 자리를 내주는 게 옳다.

아웃이 되었을 때 "알았어."라고 말하며 순순히 자리로 돌아갔으면 모두가 좋았을 것이다. 설령 자신의 판단이 옳다 하더라도, 경기를 망치면서까지 반칙을 주장해서는 곤란하다. 새미는 친구를 잃는 것보다 경기에서 지는 편이 훨씬 낫다는 사실을 이해하지 못하고 있는 모양이다.

새미처럼 자신이 지는 상황을 받아들이지 못하는 아이들이 꽤 많다. 경기를 할 때도 이기면 심하게 으스대지만, 지기라도 하면 투덜대다가 삐져 버리기도 한다. 사실 이기거나 지는 건 순간적인 상황일 뿐, 중요한 건 경기를 하는 동안 친구들과 얼마나 즐거운 시간을 보냈는가에 있다.

경기나 놀이가 끝나고 나면 함께한 친구들에게 "정말 재밌었어!"라고 꼭 이야기하자. 혹시라도 큰 실수로 경기를 망쳤다면, "다음번에는 잘할 거야."라고 서로서로 북돋아 보자.

누구나 승패에 연연하지 않고 같이 즐길 수 있는 친구를 좋아할 것이다. 다음은 형편없는 승부욕을 보여 주는 몇 가지 상황이다. 만약 내가 이런 상황이라면 어떻게 행동했을까?

뭐, 이런 게임이 다 있어? 나, 이제 안 할래!
야! 도중에 이러면 어떡해? 아무래도 질 것 같으니까 미리 선수 치는 거 아냐?

잘 나가던 게임판을 엎은 친구의 모습은 썩 아름답지 않다. 아무리 자신이 지고 있다 하더라도 계속해서 즐겁게 게임을 진행했어야 한다. 누구나 지는 상황을 받아들이기란 쉽지 않다. 그렇다 해도 한창 진행 중인 게임을 엉망으로 만드는 건 결코 옳은 일이 아니다.

게다가 게임판을 엎어 버리는 행동은 상대방에게 "네가 지금까지 이 게임에 얼마나 노력을 쏟았든 내 알 바 아니야!"라고 외치는 것과 같다. 상대방은 엄청나게 화가 나서 다시는 게임하자는 얘기를 꺼내지 않을지도 모른다.

자신이 질 게 뻔하다 해도 게임을 끝까지 하고 나서 깨끗이 패배를 인정하는 것이 좋다. 그래야 다른 게임을 또 할 수 있다.

뭐야, 벌써 끝났어?
나는 다음 단계로 올라가는데.
아, 진짜 수준 차이가 너무
나는 거 아냐?
윽, 얘랑
같이 게임하는
거 진짜 별로다!

친구에게 조금 더 따뜻하게 말을 해 보면 어떨까? 특히 친구가 처음 게임을 하는 상황이라면 더더욱! 자신의 게임이 잘 풀리고 있어서 신이 날 수는 있지만, 친구가 잘하지 못하는 상황에서 너무 기뻐하는 건 예의 없는 행동이다.

게임을 못한다고 친구를 구박하는 것도 예의에 어긋난다. 차라리 게임을 망친 친구를 위로해 주었더라면 나의 품성이 훨씬 더 돋보였을 것이다. "아깝다! 다시 해 봐. 다음 판에서는 꼭 따라잡을 수 있을 거야."라는 식으로 말이다.

너 때문에 졌잖아!
그게 뭐니? 대체 왜 패스를
못 받은 거야?
안 그래도
실수해서 속상한데,
아예 속을 확
뒤집어 놓는구나?

친구들이랑 달리기 경주를 할 때 누가 이기는지는 전혀 상관하지 않아. 그냥 함께 달리는 게 좋은 거지.
너랑 경주를 해야 되는 생쥐는 즐겁지 않을 거야.
난 가끔씩 생쥐를 쫓아 달리는데, 상대가 안 돼. 그래도 즐겁긴 해.

친구가 경기를 잘했건 못했건 비난할 일은 아니다. 차라리 아무 언급을 하지 않거나 위로나 격려의 말을 건네는 편이 더 좋다. 경기에서 진 건 속이 상하겠지만, 그것 때문에 누군가를 비난하는 것은 피해야 할 행동이다.

패배의 결정적 원인이 한 명에게 있을 때는 더더욱! "우리 모두 최선을 다했잖아. 그걸로도 충분해. 괜찮아!"와 같은 말로 친구를 따뜻하게 위로해 준다면 우정이 더욱더 돈독해질 것이다.

실망감 날려 버리기

운동 경기뿐만 아니라 음악, 미술, 나아가 주요 과목의 수행 평가에서 숙련이 요구되는 활동들은 대개 비슷하다. 때로는 이기겠지만, 때로는 지기도 한다. 어쩌다 MVP가 될 수도 있지만, 팀에 손해를 끼치는 결정적 실수를 할 수도 있다. 누구에게나 일이 잘 풀리지 않는 날이 있기 마련이다. 그래도 연습을 멈추지 않고 꾸준히 노력하면 결국엔 실력이 높아질 것이다!

물론 경쟁이 필요한 활동에만 연습이 필요한 게 아니다. 같은 팀원에게, 맞서 싸운 상대편 친구에게 따뜻한 격려의 말을 던지는 것 또한 연습이 필요하다.

실력을 키우는 동시에 친절함까지 갖출 수 있도록 연습, 또 연습을 해야 한다!

02 친구의 선택 존중하기

나타샤의 고민 : 친구를 마음대로 조종하고 싶어요.

좋아, 이렇게 하자. 내가 지구하고 목성, 토성을 만들게. 코미코, 네가 수성과 금성, 화성을 만들어. 그리고 데이비드, 네가 해왕성이랑 천왕성 만들면 되겠다.
나타샤, 좋은 행성은 네가 전부 차지했잖아!
맞아, 네가 뭔데 이래라저래라 해?
태양계
풀

야, 너희들!
좀 조용히 해.
복도에서 뛰면 안 돼!
시끄러, 나타샤.
네 일이나 잘해!

나타샤는 친구라기보다 대장처럼 행동하고 있다. 매사에 자기가 옳다고 생각하고 있어서, 뜻대로 밀어붙여야만 직성이 풀리는 모양이다.

이렇게 시시때때로 이래라저래라 명령하거나, 규칙을 어겼다고 잔소리하거나, 선생님에게 고자질을 하면 친구들의 기분이 어떨까? 마치 학교 전체를 쥐고 흔드는 무지막지한 독재자처럼 느껴질 것이다.

나타샤는 소리를 지르거나 욕을 하지도 않으면서 다른 아이들을 아주 효과적으로 화나게 만들고 있다. 옳은 일을 하겠다는 의욕은 넘치지만, 결과적으로 이래라저래라 하는 태도가 주변 사람을 짜증나게 만드

내 말대로 해!
이렇게 해!
저렇게 해!
안 돼,
하지 마!

는 것이다. 이래서는 새로운 친구를 사귀기도 힘들고, 곁에 있는 친구를 지키기도 어렵다.

다른 사람의 선택을 존중해 주자

독재자처럼 행동하는 태도의 가장 큰 문제점은 따로 있다. 보통 청소년들 주변에는 이미 이래라저래라 지시하는 어른이 있기 마련이다.

엄마와 아빠, 할머니, 할아버지, 또는 학교 선생님과 학원 선생님 등등. 그렇기 때문에 친구마저 자기한테 어떻게 하라고 명령하는 걸 '무지하게' 싫어할 수밖에 없다.

이참에 스스로에게 한번 질문해 보자. 만일 친구에게 "이렇게 해야지!"라거나 "그러면 안 돼!"라는 말을 습관처럼 하고 있다면, 이미 무지막지한 독재자처럼 볼썽사납게 굴고 있다는 증거다.

그럼 나타샤는 어떻게 해야 할까? 일단 다른 친구들의 선택을 존중하고 받아들일 수 있도록 연습해야 한다. 친구의 선택에 동의하든 하지 않든…….

"뭐가 옳지?"만 중요한 게 아니라, "뭐가 친절하지?" 역시 친구 사이에 꼭 필요하다는 사실을 명심하도록 하자. 그러기 위해선 첫째, 이래라저래라 하고 싶을 때마다 먼저 물어보는 습관을 익혀야 한다.

• 친구에게 물어보기

너희는
어느 행성 만들고 싶어?
난 토성 만들고 싶은데.
태양계
풀

둘째, 다른 친구들의 어긋난 행동을 바로잡는 건 내가 할 일이 아니라는 점을 염두에 두자.

• 그냥 내버려 두기

복도에서 뛰면 안 되는데……. 그렇지만 내가 지적하면 성낼 게 분명해. 선생님이 바로잡아 주시겠지.

셋째, 정말 위험한 일이 발생했을 때만 어른들한테 알리도록 하자. 이건 친구 관계에서 아주아주 중요한 일이다.

알리기 vs. 고자질하기

고자질을 해서 다른 아이가 선생님에게 몹시 혼났다고 치자. 그럼 친구를 사귀는 데 도움이 될까? 아니다! 다음과 같은 상황일 때만 어른들에게 알리도록 하자.

1. 누군가 다칠 수 있을 때
2. 무엇인가 망가질 수 있을 때
3. 누군가의 도움이 필요할 때
4. 건강에 이상이 올 때

만약 어떤 친구가 교칙을 어겼는데 선생님이 아무런 조치를 취하지 않는 것처럼 보인다면 어떻게 해야 할까? 선생님이 바로 개입하지 않는 데에는 그만한 이유가 있는지도 모른다. 위험한 상황이 아니라면 모르는 체하는 것이 좋다.

내가 나무에 올라갔다가 못 내려와서 꼼짝도 못 했던 거 기억나? 네가 엄청 크게 짖어서 사람들이 도와주러 왔잖아.
넌 정말 좋은 친구야!
내 힘으로는 너를 도울 수가 없더라고.

다 같이 생각해 보기!

다음 중 어른에게 알리는 게 좋겠다고 여겨지는 상황은 무엇일까?

1. 보아가 학교에서 껌을 씹고 있다.
2. 알렉스가 내 앞으로 새치기를 했다.
3. 칼린이 3층에서 창문 밖으로 돌을 던졌다.
4. 아이작이 자꾸만 옆에서 시끄럽게 군다. 두 번이나 그만하라고 부탁했지만 전혀 소용이 없다.
5. 잉그리드가 운동장에서 넘어져 울고 있다.
6. 키라의 파란색 펜을 빌리고 싶은데, 그 애가 지금 사용하고 있다.
7. 급식실에서 가브리엘이 친한 친구의 자리를 맡아 놓고 있다. 이건 교칙 위반이다.
8. 선배가 후배의 가방을 빼앗아 던지고 받으며 장난치고 있다.

정답 : 3, 5, 8번은 위험할 수 있는 상황들이기 때문에 어른에게 꼭 알려야 한다. 4번 또한 스스로 문제를 해결하려고 노력했지만 잘 되지 않았기 때문에 어른에게 도움을 요청하는 편이 좋다.

나에게 직접적으로 영향을 주지 않는 상황이라면 살짝 무시하고 지나가는 것도 가끔은 필요하다. 나에게 '분명히' 영향을 주지만 심각하지 않은 경우에는, 스스로 대처하려고 시도해 보는 게 좋다. 어른에게 알리는 건 도움이 필요한 상황이어야 하지, 누군가를 혼나게 하려는 목적으로 해서는 안 된다.

03 지난 일에서 벗어나기

조지의 고민 : 친구한테 자꾸 불만이 생겨요.

오늘 날씨 정말 좋다! 나가서 친구들이랑 놀다 오지 그래?
싫어요. 빌리는 오늘 축구 시합이 있다고 했고, 데쉬는 가족이랑 외출한대요.

그래? 에단은 뭐 한대? 너희 둘, 초등학교 때부터 꾹 친했잖아.
됐다니까요! 에단은 지난주 농구 시합 때 저한테 한 번도 패스를 하지 않았단 말이에요.

조지는 지금 에단에게 불만을 품고 있다. 에단이 농구 경기 중에 공을 독차지하고 넘겨주지 않았기 때문에 앞으로 친구로 지내지 않을 거라고 결심이라도 한 듯이 군다. 그런데 문

잠깐만, 공을 독차지한 게 나쁜 일이라고?
그렇구나. 뭐, 농구공이라면 그럴 수 있겠네. 하지만 야구공 크기만 한 건 절대로 양보할 수 없을 거 같아. 그건 내 본능이라고!
농구 경기를 할 때는 공을 혼자 갖고 있는 것보다 같은 팀 선수에게 패스하는 게 좋지.

제는 에단은 이런 사실을 전혀 모르고 있다는 거다.

누구나 친구와 갈등을 겪을 때가 있다. 갈등은 주로 두 사람의 의견이 일치하지 않을 때 생겨난다. 사실 두 사람이 언제나 똑같이 생각할 수는 없는 노릇이다.

의견 차이로 생기는 갈등에 어떻게 대처하느냐에 따라 우정은 오랜 시간 지속될 수도, 단번에 끝이 날 수도 있다. 물론 갈등은 유쾌한 일이 아니다. 그렇지만 잘 대처하기만 한다면 서로에 대한 믿음이 강해져서 우정이 한층 더 견고해질 수도 있다.

조지는 에단에게 갈등을 해결할 수 있는 기회도 주지 않은 채 무작정 우정을 끝내려 하고 있다. 친구 사이가 아니라면 신경 쓸 필요가 없겠지만, 친한 친구끼리는 대개 우정이 위기의 순간을 맞았을 때 어떻게든 해결을 하고 싶어 한다.

친구 사이에 갈등이 생기면?

문제가 있다고 언제나 직접적인 행동에 나서야 하는 건 아니다. 내가 문제를 바라보는 방식을 바꾸는 게 가장 좋은 해결책일 때도 있다.

조지는 과연 갈등을 풀고 에단과 사이좋게 지낼 수 있을까? 그럼 갈등을 풀 수 있는 방법을 알아보도록 하자. 몇 가지는 에단에게 직접 제안하는 방식이고, 몇 가지는 조지가 스스로 생각을 바꾸는 방식이다.

• 한 번 더 기회를!

오늘 에단의
기분이 별로인가 보네?
내일은 괜찮겠지?

• 솔직하게 말하기

패스를
조금만 더 하면 득점
기회가 많아질 텐데.
네 생각은 어때?

• 있는 그대로 받아들이기

예단은 공을 늘
독차지하는 단점이 있어.
그렇긴 해도 무척
재미있는 친구지.

• 다른 활동으로 전환하기

오늘은 농구 말고
컴퓨터 게임을
같이하는 게 어때?

물론 친구가 같은 문제를 반복해서 일으키거나, 그 문제로 내 기분이 매번 불쾌하다면 친구에게 솔직하게 말하는 편이 낫다. 이때는 친구가 편안한 마음으로 받아들일 수 있도록 신경을 써서 생각을 표현하도록 하자.

친구 사이에 피해야 할 대화법

갈등이 생겼을 때 친구와 대화를 나누는 방법에는 여러 가지가 있다. 그중에는 갈등을 더욱 고조시키는, 그래서 차라리 하지 않으면 더 좋을 것 같은 방법들도 있다.

이런 방식으로 자신의 생각을 전하면 상대방은 상당히 불쾌하게 반응할 수도 있다. 그렇다면 어떤 식으로 문제를 해결하는 것이 좋을까?

화가 나면 누구나 목소리가 커지게 된다. 목소리가 커지면 무례한 말들이 오가기 마련이다. 그렇게 되면 갈등의 내용보다는 듣기 싫은 소리에 먼저 반응하느라 똑같이 소리를 지른다. 누가 더 큰 소리를 지를 수 있는지 힘껏 겨뤄 봤자 아무것도 해결되지 않는다. 갈등만 더 악화되기 십상이다.

또 갈등이 생겼을 때는 곧바로 얘기하는 것이 좋다. 몇 주 뒤에 새삼스럽게 얘기를 꺼낸다면 상대방은 무슨 일이 있었는지조차 기억하지 못할 것이다. 그러면 괜스레 트집을 잡아 이러쿵저러쿵 비난한다고 느낄 수밖에 없다. 어떤 문제에 대해 친구에게 말하기로 결정했다면 그

• 분노 표출하기

너, 진짜 못됐다! 진짜 싫어! 보기만 해도 짜증나!
어휴! 듣기 싫어 죽겠네, 진짜.

• 불평불만 쏟아내기

그저께 자리 안 맡아 줬지? 일주일 전에는 쉬는 시간에 초코바 나눠 먹자고 해 놓고서, 네가 더 큰 걸 낼름 가져갔잖아. 그 전에는…….
얘, 뭐야?!

일이 생긴 직후, 혹은 하루 이틀 안에 얘기를 꺼내야 한다.

그리고 한 번에 한 가지 문제만 이야기하는 게 좋다. 기왕 용기를 낸 김에 그동안 느꼈던 문제를 한꺼번에 이야기하고 싶을 수도 있지만, 듣는 사람으로서는 감당하기 벅찬 일이어서 문제 해결에 전혀 도움이 되지 않는다. 칭찬이라도 반복해서 들으면 지겨운데, 하물며 지적질을 좋아할 사람이 어디 있을까?

마지막으로 다른 아이들에게 친구에 대한 불만을 털어놓을 수는 있다. 하지만 갈등 해결에 직접적인 도움이 되지는 않다. 실제로 갈등을 겪고 있는 두 사람만이 문제를 해결할 수 있기 때문이다.

- 제삼자에게 퍼트리기

이번에도 자기 말대로 꼭 해야만 한다는 거야. 만날 그렇게 명령하는 투라니까?

웬만하면 주변에 다른 사람들이 없는 때를 골라 갈등을 겪는 친구와 대화를 나누는 게 좋다. 다른 사람들이 있을 때 이야기를 꺼내면 친구 입장에서는 당혹스러울 수밖에 없으니까. 여러 사람 앞에서 비난받고 싶은 사람이 어디 있겠는가?

친구와 갈등에 관해 대화를 나눈다는 건, 분노를 터뜨리거나 잘못했다는 걸 인정하라고 강요하는 게 아니다. 무엇이 문제인지 친구가 이미 알고 있다는 착각은 버려야 한다. 그리고 무엇보다 차분하게 의논할 수 있도록 분노의 감정을 놓아 버리는 게 좋다.

그렇다면 어떤 말을 꺼내는 게 좋을까?

부드럽게 비판하라

다른 사람의 행동이 잘못되었다고 지적하는 것은 비판이라고 할 수 있다. 그런데 누군가 나를 비판하는 걸 가만히 듣고만 있기는 무척 어려운 일이다. 따라서 "내 잘못이 아니야!"라거나 "너도 전에 그랬잖아!"라는 식으로 대꾸하다가 말싸움으로 번지기 십상이다.

이런 말싸움 없이 친구가 내 말에 귀를 기울여 주길 바란다면, 친구가 변명할 필요를 느끼지 않도록 조심스럽게 비판해야 한다.

1. 변명 대신해 주기

잘못한 행동을 지적하기에 앞서서 변명을 대신해 준다. 그러면 친구가 굳이 변명할 필요가 없어진다. 또 친구에게 "네가 좋은 친구인 것 알아. 이번엔 실수를 했지만……."이라며 진심을 전할 수 있다. 이런 말들을 종이에 미리 써 보는 것도 좋다.

"네가 일부러 그런 거 아닌 줄 알아."

"어쩌다 보니 그렇게 된 거지?"

"네 의도는 그런 게 아니었다고 생각해."

"너도 힘들었을 거야."

그게 비밀인 줄 모르고 그랬다는 거 알아.

2. 문제 설명하기

마음에 들지 않은 친구의 행동이 무엇인지, 그 행동 때문에 어떤 기분을 느꼈는지 설명해 보자. 기왕이면 '나는'이라는 단어를 넣어 보도록 하자.

"그렇지만 네가 [잘못된 행동]을 했을 때, 나는……."

네가 소피아한테
내 수학 성적이 얼마나 떨어졌는지
말했을 때, 기분이 참 안 좋았어. 난
소피아랑 별로 안 친하거든!

3. 앞으로의 일 부탁하기

지나간 일에 얽매여 봤자 아무 의미가 없다. 중요한 것은 지금부터 일어날 일이다. 마지막으로 앞으로는 어떻게 해 주었으면 좋겠다고 부탁해 보자.

“앞으로는 …… 해 줄 수 있어?”

“다음번에는 우리 …… 할까?”

앞으로는 ……
해 줄래?

말줄임표에는 어떤 말을 채워 넣으면 좋을까? 앞으로 어떻게 해 달라고 부탁해야 될까? 각자 생각해 보자.

네가 가끔씩 토하는 건 어쩔 수 없는 일이라는 거 알아. 그렇지만 그냥 놔두고 가 버리면 비위가 상한다고. 앞으로 제때 치워 주겠니?
물론이지! 오늘부터 이불 속에 토할게. 그럼 눈에 띄지 않을 거야.
'부드러운 비판'이 이런 거구나. 효과 짱인걸?

• 변명 대신해 주기

넌 그냥 웃기려고 그랬다는 거 알아.

• 문제 설명하기

내가 화장실 간 사이 네가 샌드위치를 숨겨 버리는 바람에 점심을 먹지 못했다고. 오후 시간 내내 얼마나 배가 고팠는지 알아?

• 앞으로의 일 부탁하기

앞으로는 …… 해 줄래?

이번에는 말줄임표에 뭐라고 채워 넣으면 좋을까? 친구에게 앞으로 어떻게 해 달라고 부탁해야 할까? "내 급식으로 장난치지 말아 줄래?"는 어떨까?

잘못한 일 사과하기

갈등에 대처하는 또 하나의 좋은 방법은 바로 '사과'이다. 친구 사이의 갈등에는 언제나 두 가지 측면이 존재한다. 친구에게서 무엇인가 불쾌한 느낌을 받았다면, 나 또한 불친절한 말이나 행동을 했을 가능성이 높다. 만약 둘 다 잘못을 했다면, 내가 먼저 사과를 하는 것이 좋다. 사과를 받아들이는 것보다, 사과의 말을 꺼내기가 더 쉽기 때문이다!

게다가 진심 어린 사과는 우정의 위기를 무사히 넘길 수 있도록 도와주는 아주 멋진 방법이다.

그렇지만 사과는 진심이 담겨 있을 때만 힘을 발휘할 수 있다. 사과를 잘못할 경우, 상황을 더욱 악화시킬 수도 있다! 말로만 미안하다고 해서는 진심이 느껴지지 않는다. 특히 소리를 지르거나 중얼중얼하면 더욱더 그렇다. 정확히 어떤 행동 때문에 미안한 것인지 분명히 밝히면서 제대로 사과해야 한다.

여기서 주의할 점! 서두에 절대로 '그런데'라는 말은 쓰지 않도록 하자. '그런데' 다음에 나오는 말이 사과의 뜻을 말짱 도루묵으로 만들어 버리기 십상이니까. "미안해, 그런데……."는 사실 미안하지 않은 것처

미아~~~~~~~안!
진짜 미안하다고 생각하는 거 맞아?
야, 미안해. 근데 네가 먼저 시작한 거 아냐? 네가 안 했으면 나도 그럴 일 없었거든!
참 나, 이게 무슨 사과야? 기분만 더 나빠지네.

럼 들린다. 그리고 무슨 일이 있어도, 자신이 잘못한 일을 친구 탓으로 돌려선 안 된다. 그런 말보다는 지금부터 다르게 행동할 거라는 약속이 훨씬 더 도움이 된다.

네 얘기를 노바한테 해서 정말 미안해. 이제 다시는 너 없는 데서 네 얘기 하지 않겠다고 약속할게. 우리, 계속 친하게 지낼 수 있는 거지?
음, 실수를 순순히 인정하니까 기분이 꽤 괜찮은데?
네 샤프펜을 망가뜨려서 진짜 미안해. 여기, 내 샤프펜 줄게.
자기가 뭘 잘못했는지 잘 알고 있구나.

친구에게 사과의 말을 먼저 건네면, 대개는 친구도 나에게 미안하다고 대답할 것이다. 설령 친구가 미안하다는 말을 하지 않더라도, 친구 사이를 회복하기 위해 내가 옳은 일을 했다는 마음만으로 충분하다.

나는 주인아저씨한테 꾸중 들을 때면, 꼬리를 다리 사이에 넣고 낑낑대는 소리를 내면서 사과를 해.
예리한 지적이네.
고양이는 사과에 서투르지. 가구 긁어 놨다고 혼날 때 기껏해야 똑바로 쳐다보며 꼬리나 이리저리 흔들 뿐이라고. 그런데 사람들은 긁지도 못하게 할 거면서 가구는 왜 그렇게 많이 들여놓는 거야?

제대로 용서하는 방법

가끔은 친구를 조건 없이 용서하는 게 가장 손쉬운 해결책일 수도 있다. 친구가 여태 저지른 모든 잘못을 머릿속에 저장해 두고서 곱씹는 일은, 마음속에 괴로운 응어리를 끌어안고 스스로를 아프게 하는 것이나 다름없다. 용서는 친구에게도 다행스러운 일이지만, 나 스스로에게도 마음을 편안하게 해 주는 방법이다. 홀가분한 마음으로 그보다 더 중요하고 재미있는 일에 집중할 수 있게 해 주니까!

용서는 너그러운 행동이긴 하지만, 나쁜 일이 아예 일어나지 않았던 척하는 것과는 사뭇 다르다. 누구나 실수를 할 수 있다는 사실을 받아들이고, 내가 대접받고 싶은 대로 친구를 대하라는 의미니까.

좋은 친구가 되기 위해서는 불만을 붙들고 있지 않는 마음가짐이 필요하고, 그러기 위해서는 스스로 용서의 기준을 세우는 일이 중요하다. 어떤 경우에 너그러움을 발휘해서 친구를 용서해 주면 좋을까?

[용서의 기준]

1. 딱 한 번 벌어진 일이고, 앞으로 또 일어날 가능성이 거의 없다.
2. 친구가 일부러 그런 게 아니라는 확신이 든다.
3. 자꾸 곱씹을 정도로 기분 나쁜 일은 아니었다.
4. 친구가 진심으로 미안해하며 사과하고 있다.
5. 단지 실수로 빚어진 일이다. 원래는 착하고 따뜻한 친구다.
6. 벌어진 지 한 달도 더 지난 일이다.

친구 사이의 갈등은 보통 화가 가라앉을 때까지 기다렸다가 다시 함께하다 보면 저절로 해결되곤 한다. 만약 친구를 허심탄회하게 용서하기로 결정했다면 그 사실을 떠들썩하게 알릴 필요는 없다. 다음번에 친구를 만났을 때 그저 살갑게 굴면서 재미있는 시간을 보내는 것으로 충분하다.

친구 관계가 끝이 났을 때

가끔은 아무리 노력을 해도 친구 관계가 벌어질 때가 있다. 유별난 사람만 겪는 일이 아니라, 살다 보면 누구나 그런 경험을 한두 번씩 하게 된다. 크게 한바탕 다툰 후 친구 관계가 끝나기도 하고, 서서히 관심에서 멀어지다가 끝이 나기도 한다. 서로 다른 반이 되거나, 관심을 기울이는 분야가 달라지거나, 자주 보지 않게 되면 자연스럽게 멀어지는 것이다.

물론 한 사람은 계속 친구로 지내고 싶은데, 상대방은 그렇지 않은 경우처럼 가슴 아픈 일도 있다. 하지만 유감스럽게도, 어느 누구도 다른 사람에게 자기 친구가 되라고 강요할 수는 없다. 그러니 어떤 친구가 계속해서 친구 관계를 끊으려 한다면 유지하려고 애쓸 필요가 없는 것이다.

물론 친구 관계가 끝나는 것은 슬픈 일이다. 그렇지만 늘 나쁜 것만은 아니다. 걸핏하면 다투거나 너나 할 것 없이 서로를 문제에 빠뜨리

그렉과 매니와 셋이 어울릴 때 걸핏하면 저를 괴롭히곤 했어요. 일부러 외톨이를 만드는 거예요. 그래서 마이클과 더 자주 어울리게 되었죠.
작년까지만 해도 저는 유리랑 단짝이었어요. 하지만 올해는 다른 반이어서 자주 볼 수가 없어요. 그러다 보니 전처럼 친하게 지내지는 않죠.

는 사이라면 떨어지는 게 모두에게 좋을 수 있다. 어떤 친구와 어울리는 게 괴롭다면, 그건 다른 친구를 찾아 나서야 한다는 신호인 셈이다.

물론 친구 관계가 끝났을 때 속상한 마음이 드는 것은 자연스러운 현상이다. 서로 좋은 사이였다면 나중에 다시 친한 친구 관계로 돌아갈 수도 있다. 하지만 일단 친구를 잃으면 견디기가 어렵다. 여기서 명심해야 할 점은, 그렇다고 외롭게 지낼 이유는 전혀 없다는 것이다!

하나의 친구 관계를 놓아 버리면, 다른 친구와의 관계를 돈독히 만들 수 있는 여유가 생기기도 한다. 새로운 일에—운동이든 공부든 음식이든 간에—도전해서 금방 빠져들게 되었던 것처럼, 새 친구를 사귀는 일도 마찬가지다!

오랜 친구든 새로운 친구든, 둘 사이에서 우정을 찾아내고 지켜 나가는 것은 아주 뜻깊은 일이다. 그러니 분노나 슬픔, 두려움 같은 감정은 놓아 버리고 친구를 진정으로 아끼는 마음만 간직하도록 하자.

다 같이 토론해 보기!

지금까지 패배를 인정하는 자세, 친구 의견 존중하기, 지난 일에서 벗어나고 용서하는 방법에 대해 알아보았다. 친구에게 내가 원하는 모습을 요구하지 말고, 있는 그대로 받아들이도록 노력해 보자. 이것이야말로 친구를 대하는 가장 따뜻한 마음이다!

1. 다른 사람들 앞에서 친구의 행동을 바로잡으려고 하면 안 되는 이유는 무엇일까?

2. 내 생각이 옳고 친구 생각은 틀렸다고 믿었던 경험이 있는가? 이때 의견이 충돌하는 상황을 어떻게 이겨 낼 수 있었는지 떠올려 보자.

3. 어떤 일에 대해 친구는 잊어버린 게 분명한데, 나는 계속 불만을 떨치지 못하고 지냈던 경험이 있는가? 그 일로 나는 어떤 영향을 받았고, 친구에게는 어떤 영향을 주었는가?

4. 친구를 화나게 만드는 행동을 한 적이 있는가? 그 후에 기분이 어땠는가? 나중에 친구는 나를 용서해 주었는가?

5. 친구 관계가 끝났던 적이 있는가? 그 이유는 무엇이었는가?

6. 화가 나는 마음을 추스르고 친구를 용서해야 하는 상황과, 친구 관계를 정리하고 다른 친구를 찾아 나서야 하는 상황을 어떻게 구별할 수 있을까?

좋은 친구가 곁에 있으면 기쁜 일이 더욱 기뻐지고, 힘든 일은 한결 쉽게 견딜 수 있다. 하지만 항상 원만한 친구 관계를 유지하기란 어려운 일이다. 이 책에 나와 있는 여러 방법을 통해 우정에 위기가 닥쳤을 때 잘 대처해 나갈 수 있기를 바란다.

마지막으로 친구 관계뿐 아니라, 모든 사람들과 원만히 지낼 수 있는 비법 세 가지에 대해 알아보도록 하자.

1. 사람들에게 마음을 열자

친구 관계의 형태는 매우 다양하다. 만나서 함께 노는 친구, 쉬는 시간에 웃고 떠드는 친구, 진득하니 같이 공부를 하는 친구, 마음속 깊은 대화를 나누는 친구……. 이렇게 다채로운 친구 관계 덕분에 우리는 하루하루를 더욱 의미 있고 풍요롭게 보낼 수 있다.

그러기 위해서는 서로 마음을 열고 다른 사람을 알아가고자 노력해야 한다. 마음을 열고 다른 사람에게 먼저 다가가고, 마음을 연 누군가가 내게 다가올 때 거절하지 않도록 하자.

2. 좋은 친구 선택하기

친구와 함께 있을 때 자기 자신이 어떻게 느껴지는지 한번 주의를 기울여 보자. 내가 친구에게 중요한 사람이라고 느껴진다면, 그렇게 만들어 주는 친구는 좋은 친구다. 물론 좋은 친구라 할지라도 완벽할 수는 없어서, 때때로 내가 싫어하는 행동이나 말을 할 수도 있다. 하지만 내가 어떤 기분인지 마음 써 준다는 사실은 분명히 느껴지리라.

만약 지금 내가 어울리는 친구들이 나를 번번이 형편없는 기분에 빠지게 만든다면, 다른 친구를 찾아보도록 하자! 생각 외로 금세 좋은 친구를 찾아낼 수 있을 것이다.

3. 좋은 친구 되어 주기

좋은 친구를 만나려면 일단 내가 좋은 친구여야 한다. 내 생각이 중요한 만큼 친구의 생각도 존중하고, 늘 따뜻하게 대할 수 있도록 노력해야 한다. 따뜻한 마음 씀씀이야말로 기나긴 우정으로 안내하는 열쇠라는 점 명심하자!

옮긴이 **정아영**

고려대학교 정치 외교학과를 졸업하고, KOICA에서 일했다. 한겨레 아동 문학 작가 학교에서 어린이·청소년 문학을 공부하고, '한겨레 어린이·청소년 책 번역가 그룹'에서 활동했다. 옮긴 책으로《친구 사이에 빨간불에 켜졌다면?》《데이 7》《단편소설 쓰기의 모든 것》등이 있다.

진짜 친구를 만드는
관계의 기술

첫판 1쇄 펴낸날 2017년 12월 26일
5쇄 펴낸날 2022년 11월 7일

지은이 에일린 케네디-무어·크리스틴 맥러플린
그린이 캐시 밍거스 **옮긴이** 정아영
펴낸이 박창희
편집 김수진 **디자인** 김선미
마케팅 최창호 **회계** 양여진

펴낸곳 (주) 라임
출판등록 2013년 8월 8일 제 2013-000091호
주소 경기도 파주시 심학산로 10, 우편번호 10881
전화 031) 955-9020, 9021 **팩스** 031) 955-9022
이메일 lime@limebook.co.kr **인스타그램** @lime_pub

ISBN 979-11-85871-87-5 44190
979-11-951893-8-0 (세트)